COLECCIÓN

Grandes datos

IMPLEMENTACIÓN DE BIG DATA

Prof. Marcão - Marcus Vinícius Pinto

Renuncia:

Tenga en cuenta que la información contenida en este documento es solo para fines educativos y de entretenimiento. Se ha hecho todo lo posible para proporcionar información completa, precisa, actualizada y confiable. Ninguna garantía de ningún tipo es expresa o implícita.

Al leer este texto, el lector acepta que bajo ninguna circunstancia el autor es responsable de las pérdidas, directas o indirectas, incurridas como resultado del uso de la información contenida en este libro, incluidos, entre otros, errores, omisiones o inexactitudes.

ISBN: **9798311634601**

Pie de imprenta: Publicación independiente

Resumen.

1 Prefacio.

Bienvenidos al libro Implementación de Big Data, parte de la reconocida colección Big Data, que se ha convertido en una referencia para aquellos que buscan dominar los desafíos y oportunidades del mundo de los datos a gran escala.

Este volumen ha sido cuidadosamente elaborado para ser una guía práctica y completa dirigida a profesionales que desean no solo comprender sino también aplicar los conceptos de Big Data en sus carreras y organizaciones.

Vivimos en una era en la que los datos son el nuevo petróleo: impulsan decisiones, dan forma a estrategias y generan ventajas competitivas. Sin embargo, la implementación efectiva de Big Data no es una tarea sencilla. Requiere conocimientos técnicos, planificación estratégica y una visión clara de los objetivos. Es aquí donde este libro se vuelve indispensable.

1.1 ¿Para quién está escrito este libro?

Este libro es para ti, un profesional que busca sobresalir en el campo de la inteligencia artificial, el análisis de datos y las tecnologías de la información. Ya sea que sea un científico de datos, ingeniero de software, gerente de TI, analista de negocios o incluso un empresario, este contenido está diseñado para satisfacer sus necesidades.

Aquí encontrará información valiosa sobre cómo integrar, administrar y extraer valor de grandes volúmenes de datos, así como sobre cómo abordar desafíos como los flujos de datos en tiempo real, la virtualización de servidores y la ciberseguridad.

1.2 ¿Qué encontrarás en este libro?

A lo largo de estas páginas, exploraremos temas esenciales como:

- Análisis de integración y aseguramiento de la calidad: Cómo garantizar que sus datos sean fiables y estén listos para usar.

- Real-Time Data Stream Processing: Técnicas para el manejo de eventos complejos y la toma de decisiones ágiles.

- Virtualización y computación en la nube: comprenda los pilares de la virtualización de servidores, aplicaciones y redes, así como los modelos SaaS, IaaS y PaaS.

- Estrategias de implementación: Desde el establecimiento de objetivos hasta la visualización y comunicación de resultados, este libro ofrece una hoja de ruta clara para convertir los datos en información procesable.

- Seguridad, gobernanza y ética: En un mundo cada vez más regulado, es crucial comprender las mejores prácticas para proteger los datos y mitigar los riesgos sociales.

1.3   ¿Por qué este libro es diferente?

La recopilación de Big Data está diseñada para ser accesible sin perder rigor técnico. Adoptamos un lenguaje claro y didáctico, inspirado en el estilo atractivo de autores como Alex Cross, para garantizar que los conceptos complejos se entiendan sin dificultad. Además, cada capítulo está lleno de ejemplos prácticos y orientación que puedes aplicar inmediatamente a tu trabajo.

1.4   Una invitación al viaje del conocimiento.

Este libro no es solo una lectura; Es una inversión en tu futuro profesional. Al final de este libro, estará preparado para enfrentar los desafíos de la implementación de Big Data con confianza y competencia.

Y cuando compre la colección completa, tendrá un arsenal de conocimientos para dominar todas las facetas del Big Data, desde los fundamentos hasta las aplicaciones más avanzadas.

Prepárese para sumergirse en contenido que transformará su visión de los datos y la tecnología. Implementar Big Data ya no es un lujo; Es una necesidad. Y este libro es tu guía para dominarlo.

Prof. Marcão - Marcus Vinícius Pinto

Maestría en Tecnologías de la Información
Especialista en Tecnologías de la Información.
Consultor, Mentor y Conferencista en Inteligencia Artificial,
Arquitectura de la Información y Gobierno de Datos.
Fundador, CEO, profesor y
asesora pedagógica en MVP Consult.

2   Implementación de Big Data.

Lograr el mayor valor de negocio con Big Data requiere no solo inversión en tecnología, sino también la integración efectiva de esa tecnología en los procesos de negocio de la empresa. No podemos limitarnos a esperar que los responsables de la toma de decisiones proyecten escenarios futuros sin comprender plenamente los resultados de los análisis y su contexto operativo.

Como señala Stubbs (2014), es esencial que las organizaciones consideren la integración de Big Data en los procesos existentes con el fin de maximizar los beneficios y obtener información valiosa. Estos son algunos consejos para una implementación exitosa de Big Data, teniendo en cuenta la necesidad de integración con los procesos de negocio:

1. Evaluar los objetivos estratégicos: Antes de iniciar la implementación del Big Data, es importante entender claramente los objetivos estratégicos de la empresa. Identificar las áreas clave en las que el uso de Big Data puede tener el mayor impacto y alinear estos objetivos con los procesos de negocio existentes.

2. Integración con los equipos empresariales: Involucrar a los equipos empresariales desde el principio es fundamental. Trabaje en colaboración con los departamentos involucrados, como marketing, ventas, finanzas, operaciones, recursos humanos, etc., para comprender sus necesidades y cómo el Big Data puede agregar valor a sus procesos.

3. Reestructuración de procesos: Identificar los cambios necesarios en los procesos existentes para incorporar adecuadamente el big data. Evalúe si es necesario nuevos flujos de trabajo, ajustes en las etapas de toma de decisiones o revisión de las estrategias

operativas. El Big Data debe utilizarse para optimizar los procesos y mejorar la eficiencia.

4. Gestión y gobernanza de datos: Establecer un marco sólido de gestión y gobernanza de datos. Defina responsabilidades claras para la recopilación, el almacenamiento, la seguridad y el uso de datos, garantizando el cumplimiento de las regulaciones aplicables, como la privacidad y la protección de datos.

5. Desarrollo de capacidades y formación: Asegurar que el equipo esté debidamente formado para manejar Big Data. Promover capacitaciones y talleres para que los empleados entiendan cómo utilizar las herramientas disponibles de análisis e interpretación de datos. Esto ayudará a integrar Big Data de manera efectiva en los procesos comerciales, asegurando que todos puedan extraer la mayor cantidad de información de los datos recopilados.

6. Seguimiento y monitoreo continuo: La implementación de Big Data no debe tratarse como un proyecto aislado, sino como un proceso continuo. Establecer métricas e indicadores de rendimiento para medir el impacto del Big Data en los procesos de negocio. Realizar seguimientos frecuentes para evaluar la eficacia de los análisis y hacer los ajustes necesarios.

7. Cultura de datos: Fomentar una cultura interna que valore y utilice activamente los datos como base para la toma de decisiones. Fomente la colaboración entre equipos fomentando el intercambio de información y conocimientos obtenidos a través de Big Data. Esto ayudará a integrar los resultados de los análisis en los procesos de negocio de forma más completa y eficiente.

Un factor muy importante en este contexto es la capacidad de integrar fuentes de datos internas y externas compuestas por datos de fuentes relacionales y las nuevas formas de datos no estructurados.

2.1   Análisis de integración.

El análisis de integración debe pasar por varios pasos, pero hay esencialmente tres pasos a seguir para estructurar el proceso de integración: exploración, codificación e integración e incrustación.

Se explican a continuación.

1º. Etapa - Exploración.

En las primeras etapas del análisis, es natural buscar patrones en los datos. Solo examinando grandes volúmenes de datos, terabytes y petabytes, se pueden hacer evidentes las relaciones y correlaciones entre los elementos.

Estos patrones pueden proporcionar información sobre el cliente y las preferencias para un nuevo producto. Tendrás que utilizar una plataforma como Hadoop para organizar el Big Data de tu empresa y buscar estos patrones.

Como se describió anteriormente, Hadoop se usa ampliamente como un bloque de construcción para capturar y procesar Big Data. Hadoop está diseñado con capacidades que aceleran el procesamiento de big data y lo hacen capaz de identificar patrones en grandes cantidades de datos en un período de tiempo relativamente corto.

2º. Etapa de codificación.

Para dar el salto de identificar un patrón a incorporar esta tendencia en tu proceso de negocio, necesitas algún tipo de proceso a seguir.

Por ejemplo, si un gran minorista monitorea los medios de comunicación e identifica muchas conversaciones sobre un partido de fútbol u otro evento con alta asistencia cerca de una de sus tiendas, podrá planificar qué hacer para promocionar la empresa en el evento.

Con cientos de tiendas y muchos miles de clientes, es necesario establecer un protocolo de reacción ante este tipo de información con procesos que garanticen acciones de marketing efectivas.

Con un proceso establecido, en el caso del ejemplo del evento deportivo, el minorista puede actuar rápidamente y abastecer la tienda cercana con ropa y accesorios con el logotipo de los equipos participantes en el evento.

Una vez que se encuentra algo interesante en el análisis de Big Data, es necesario estructurarlo y hacerlo parte del proceso de negocio de la empresa.

Es necesario hacer la conexión entre el análisis de sus grandes bases de datos estructuradas y no estructuradas y sus inventarios de productos y sistemas. Para ello, es necesario integrar los datos.

3º. Etapa de integración e incorporación.

El Big Data está teniendo un gran impacto en muchos aspectos de la gestión de datos. Tradicionalmente, la integración de datos se ha centrado en el movimiento de datos a través del middleware, incluidas las especificaciones de los mensajes y los requisitos para las API.

Estos conceptos de integración de datos son más apropiados para administrar datos en reposo que datos en movimiento. El cambio hacia el nuevo mundo de los datos no estructurados y los datos en streaming cambia la noción convencional de integración de datos.

Si desea incorporar datos de transmisión en su análisis para agregar otro nivel de muestras al proceso comercial de su empresa, deberá incorporar tecnología avanzada para obtener todo lo suficientemente rápido como para permitirle tomar decisiones en el tiempo que necesite.

Una vez finalizado el análisis de Big Data, es necesario adoptar un enfoque que le permita integrar o incorporar los resultados del análisis a su proceso de negocio en negociaciones en tiempo real.

Las empresas tienen grandes expectativas de obtener un valor comercial real a partir del análisis de big data. De hecho, a muchas empresas les gustaría comenzar un análisis profundo de los grandes volúmenes de datos generados internamente, como el registro de seguridad de datos, que antes no era posible debido a las limitaciones tecnológicas.

Las tecnologías para transportar grandes bases de datos a alta velocidad son requisitos para integrar grandes fuentes de datos distribuidas.

Las fuentes de datos no estructurados a menudo deben moverse rápidamente a través de grandes distancias geográficas para compartir y colaborar en proyectos de investigación científica, para el desarrollo y la entrega de contenido para la industria del entretenimiento.

Por ejemplo, los investigadores científicos suelen trabajar con conjuntos de datos muy grandes, y hoy en día comparten datos y colaboran más fácilmente que en el pasado, utilizando una combinación de análisis de big data y la nube.

Para tomar buenas decisiones en el negocio de tu empresa basadas en el análisis de Big Data, se aplican tres principios básicos:

Principio 1 – Es necesario tener un entendimiento común de las definiciones de datos.

- En la etapa inicial del uso de Big Data, es común buscar tener un control similar al que se tenía sobre los datos operativos.

- Una vez que se han identificado los estándares más relevantes para el negocio de la empresa, es necesario mapear los elementos dados a una definición común.

- A continuación, la definición se aplica a los datos operativos, DW y otras bases de datos empresariales.

Principio 2 – Es necesario desarrollar un conjunto de servicios para cualificar los datos y hacerlos coherentes y fiables.

- Cuando los datos no estructurados y las fuentes de big data se integran con datos operativos estructurados, es necesario estar seguro de que los resultados serán significativos.

Principio 3 – Necesita tener una forma optimizada de integrar sus fuentes de big data y sistemas de datos operativos.

- Las tecnologías de extracción, transformación y carga (ETL) [1]se han utilizado para lograr esto en entornos de almacenamiento de datos.

- El papel de ETL está evolucionando para manejar entornos de administración de datos más nuevos, como Hadoop.

---

[1] Extracción, transformación y carga – ETL. Extracción, transformación y carga.

ajusten a los requisitos de la base de datos de destino. La transformación se realiza mediante reglas o fusionando datos con otros datos.

- Carga. Escribir datos en la base de datos de destino.

ETL está evolucionando para respaldar la integración más allá del universo de los almacenes de datos al respaldar la integración entre sistemas transaccionales, almacenamiento de datos, plataformas de BI, centros MDM[4], nube y plataformas Hadoop.

Los proveedores de software ETL están ampliando sus soluciones para proporcionar extracción, transformación y carga de Big Data entre Hadoop y las plataformas de gestión de datos tradicionales.

ETL y las herramientas de software para otros procesos de integración de datos, como la limpieza de datos, la creación de perfiles y la auditoría, trabajan en diferentes aspectos de los datos para garantizar que se consideren confiables.

La transformación de datos es un proceso esencial en el ámbito de la gestión de datos. Implica modificar el formato, la estructura o la representación de los datos para hacerlos compatibles y utilizables por diferentes aplicaciones, sistemas o procesos.

Durante la transformación de datos, pueden producirse varias operaciones, como la conversión de tipos de datos, el formato de fechas, el filtrado y la selección de columnas específicas, la agregación de valores, entre otras. El objetivo principal es garantizar que los datos

---

[4] Gestión de dispositivos móviles - MDM. Mobile Device Manager es un software que le permite administrar dispositivos móviles como teléfonos inteligentes, tabletas y computadoras portátiles. En teoría, su objetivo es proteger, monitorear, administrar y dar soporte a los dispositivos móviles, optimizando su funcionalidad, la seguridad de la red de comunicación y minimizando los costos y el tiempo de inactividad.

se adapten según las necesidades y requisitos de las aplicaciones o sistemas que los utilizarán.

Además, la transformación de datos también implica limpiarlos y enriquecerlos. Esto incluye la detección y corrección de errores, la eliminación de duplicidades, la estandarización y normalización de datos, así como la incorporación de información adicional de fuentes externas para aumentar el contexto y la calidad de los datos.

La transformación de datos desempeña un papel crucial en varias áreas, como la gestión de bases de datos, el análisis de datos, la migración de sistemas, la integración de datos, la inteligencia empresarial y muchas otras. Es un proceso fundamental para garantizar la interoperabilidad y la relevancia de los datos, con el objetivo de un uso eficiente y eficaz en diferentes aplicaciones y contextos. Las herramientas de transformación de datos no están diseñadas para funcionar bien con datos no estructurados. Como resultado, las empresas necesitan incorporar una cantidad significativa de codificación manual en la toma de decisiones de sus procesos comerciales.

Dado el crecimiento y la importancia de los datos no estructurados para la toma de decisiones, las soluciones ETL de los principales proveedores están comenzando a ofrecer enfoques estandarizados para transformar los datos no estructurados de modo que puedan integrarse más fácilmente en los datos operativos estructurados.

Algunas fuentes de Big Data, como los datos de etiquetas RFID[5] o los sensores, tienen reglas más bien establecidas que los datos de las redes

---

[5] Identificación por radiofrecuencia - RFID. La identificación por radiofrecuencia es un método de identificación automática a través de señales de radio, recuperando y almacenando datos de forma remota a través de dispositivos llamados etiquetas RFID. Una etiqueta o rótulo RFID es un transpondedor, un pequeño objeto que se puede colocar sobre una persona, animal, equipo, embalaje o producto, entre otros.

sociales. Los datos del sensor deben estar razonablemente limpios, aunque se espera que encuentre algunos errores.

2.2   Garantía de calidad.

El aseguramiento de la calidad de los datos presupone la adopción de un proceso de dos pasos:

1. Busca patrones en Big Data sin preocuparte por la calidad.

2. Una vez que haya encontrado sus patrones y establecido los resultados que son importantes para su negocio, aplique los mismos estándares de calidad de datos que se aplican a las fuentes de datos tradicionales.

Es deseable evitar la recopilación y administración de datos que no son importantes para el negocio y que pueden corromper otros elementos de datos en Hadoop u otras plataformas de big data.

A medida que comience a incorporar los resultados de su análisis de big data en su proceso de negocio, reconozca que los datos de alta calidad son esenciales para que una empresa tome decisiones comerciales acertadas.

Esto es cierto tanto para el Big Data como para los datos tradicionales. La calidad de los datos se refiere a características como la coherencia, la precisión, la fiabilidad, la integridad, la puntualidad, la razonabilidad y la validez.

El software de calidad de datos garantiza que los elementos de datos se representen de la misma manera en diferentes almacenes de datos o sistemas para aumentar la coherencia de los datos.

Por ejemplo, un almacén de datos puede usar dos líneas para la dirección de un cliente y otro almacén de datos puede usar una línea. Esta diferencia puede dar lugar a información inexacta sobre los clientes, como que un cliente se identifique como dos clientes diferentes.

Una corporación puede usar docenas de variaciones del nombre de la empresa cuando compra productos. El software de calidad de datos se puede utilizar para identificar todas las variaciones del nombre de la empresa en sus diferentes bases de datos y garantizar que toda la información sobre los clientes de su empresa esté consolidada.

Este proceso se denomina proporcionar una vista única del cliente o producto. El software de calidad de datos compara los datos entre diferentes sistemas y los limpia eliminando las redundancias.

2.3   Manejo de flujos de datos en tiempo real y procesamiento de eventos complejos.

Comenzamos este capítulo con dos preguntas:

- ¿Qué es el análisis de integración de datos?

- ¿Cómo interfiere esto con la transmisión de grandes masas de datos?

Estas no son preguntas sencillas de responder porque hay un continuo en la gestión de datos. La computación de flujo está diseñada para manejar un flujo continuo de una gran cantidad de datos no estructurados.

Por el contrario, el procesamiento de eventos complejos, CAP[6], generalmente se ocupa de algunas variables que deben correlacionarse con un proceso de negocio específico. En muchas situaciones, SPC depende de flujos *de datos*[7]. Sin embargo, el código postal no es necesario para la transmisión de datos.

Al igual que el flujo de datos, CEP se basa en el análisis de flujos de datos en movimiento. De hecho, si los datos están en reposo, no entran en la categoría de datos de streaming ni en el código postal.

Data streaming es una plataforma de computación analítica que destaca por su capacidad para procesar y analizar un flujo continuo de datos en tiempo real. Su principal característica es manejar datos de alta velocidad, generalmente no estructurados, de diversas fuentes.

A diferencia de los enfoques tradicionales de procesamiento de datos, en los que los datos se almacenan primero para su posterior procesamiento, la transmisión de datos permite analizar los datos a medida que llegan, en tiempo real. Este enfoque se ha vuelto esencial en muchas aplicaciones que requieren una toma de decisiones rápida y detección de patrones e información en tiempo real.

Las aplicaciones de transmisión de datos se utilizan en una variedad de industrias y escenarios, como la detección de fraudes en transacciones

---

[6] Procesamiento de eventos complejos - CEP. El procesamiento de eventos complejos tiene el problema de hacer coincidir continuamente los eventos de entrada con un patrón. Los resultados de una coincidencia suelen ser eventos complejos derivados de los eventos de entrada. A diferencia de los DBMS tradicionales, donde se ejecuta una consulta en datos almacenados, CEP ejecuta los datos en una consulta almacenada.

[7] Los datos de streaming son datos generados continuamente por miles de fuentes de datos, que a menudo envían los registros de datos simultáneamente, en tamaños pequeños, del orden de kilobytes.

financieras, el monitoreo de redes y sistemas, el análisis de datos de sensores en entornos IoT (Internet de las cosas), la personalización en tiempo real en plataformas de comercio electrónico, el análisis de datos de redes sociales, entre otros.

La velocidad es uno de los aspectos clave de la transmisión de datos, ya que estas aplicaciones deben manejar un procesamiento de datos en tiempo real ágil y sin interrupciones. Esto implica la implementación de tecnologías y técnicas que permitan el procesamiento rápido y eficiente de estos datos, como sistemas de mensajería, procesamiento distribuido y algoritmos de transmisión.

Hay que tener en cuenta que la transmisión de datos también puede implicar acciones como filtrar, transformar y enriquecer los datos para hacerlos más relevantes y útiles para el análisis o las acciones en tiempo real.

Esta plataforma de análisis ha demostrado ser esencial para generar información inmediata y tomar decisiones ágiles en diversos contextos empresariales. Por lo tanto, los datos se analizan continuamente y se transforman en memoria antes de almacenarse en un disco.

El procesamiento de flujos de datos funciona mediante el procesamiento de datos en "ventanas de tiempo" en memoria en un *grupo* de servidores.

Esto es similar al enfoque de administración de datos en reposo que aprovecha Hadoop. La principal diferencia es la velocidad. En el clúster de Hadoop, los datos se recopilan en *modo por lotes* y, a continuación, se procesan.

La velocidad importa menos en Hadoop que en *el flujo continuo de datos*.

Algunos principios clave definen la situación en la que el uso *de secuencias* es más apropiado:

1. Cuando sea necesario determinar una oportunidad de venta minorista en el momento de la elección, ya sea a través de las redes sociales o mediante un permiso basado en mensajes.

2. Recopilación de información sobre el movimiento en un sitio web seguro.

3. Para poder reaccionar ante un evento que necesita una respuesta inmediata, como una interrupción del servicio o un cambio en la condición médica de un paciente.

4. Cálculo en tiempo real de los costes dependientes de variables.

Según Gualtieri (2013), la transmisión de datos es útil cuando la analítica debe realizarse en tiempo real, mientras los datos están en movimiento. De hecho, el valor de la analítica disminuye con el tiempo. Por ejemplo, si su empresa no puede analizar y actuar de inmediato, es posible que se pierda una oportunidad de venta o que una amenaza pase desapercibida.

Un factor importante con respecto a la transmisión de datos es el hecho de que se trata de un *análisis de un solo paso*[8], es decir, el analista no puede volver a analizar los datos después de que se transmiten. Esto es común en aplicaciones donde se busca la ausencia de datos.

La mayoría de los profesionales de la gestión de datos están familiarizados con la necesidad de gestionar los metadatos en entornos de gestión de bases de datos estructuradas.

Estas fuentes de datos están diseñadas para operar con metadatos y están fuertemente tipadas, un ejemplo es cuando tenemos, en un

---

[8] Single-Pass es un compilador que pasa el código fuente a través de cada unidad de compilación solo una vez.

atributo, una cadena en la que los primeros diez caracteres corresponden al nombre de pila de un cliente.

Es posible suponer que los metadatos no existen en los datos no estructurados, pero esto no es cierto. Los metadatos se encuentran generalmente en cualquier tipo de datos.

A partir de estos metadatos implícitos en datos no estructurados, es posible analizar la información utilizando XML.[9] XML es una técnica para presentar archivos de texto no estructurados con etiquetas significativas. Esta tecnología no es nueva y fue una tecnología fundamental para la implementación de la orientación al servicio.

Algunos ejemplos de productos para la transmisión de datos son IBM InfoSphere Streams, Storm de Twitter y Yahoo S4.

Entonces, ¿cuál es la diferencia entre CEP y las soluciones de transmisión de datos? Mientras que la computación de flujos se aplica normalmente para analizar grandes cantidades de datos en tiempo real, CEP se centra mucho más en resolver un caso de uso específico en función de eventos y acciones.

Tanto el streaming de datos como el CEP tienen un gran impacto en la forma en que las empresas pueden hacer un uso estratégico del Big Data.

Con la transmisión de datos, las empresas pueden procesar y analizar estos datos en tiempo real para obtener información inmediata.

---

[9] Lenguaje de marcado extensible – XML. Es un lenguaje de marcado recomendado por el W3C para crear documentos con datos organizados jerárquicamente, como texto, bases de datos o dibujos vectoriales.

Con SPC, las empresas pueden transmitir datos y aprovechar un motor de procesos de negocio para aplicar reglas de negocio a los resultados analíticos de los flujos de datos.

3 Virtualización de servidores.

La virtualización de servidores se considera un proceso en el que un servidor físico se divide en varios servidores virtuales. El hardware y los recursos de una máquina, incluida la memoria de acceso aleatorio, la[10] CPU,[11] el disco duro y el controlador de red, se pueden organizar lógicamente en una serie de máquinas virtuales que ejecutan cada una sus propias aplicaciones y sistema operativo.

Una máquina virtual[12] es una representación de software de una máquina física que puede realizar o realizar las mismas funciones que la máquina física. De hecho, se inserta una capa delgada de software en el hardware que contiene una máquina virtual, monitor o hipervisor. El hipervisor se puede considerar como la tecnología que administra el tráfico entre las máquinas virtuales y la máquina física.

La virtualización de servidores utiliza el hipervisor para proporcionar eficiencia en el uso de los recursos físicos. Lanzado originalmente a principios de la década de 1970, el hipervisor se encarga de reducir costos al consolidar una red de varios ordenadores de diferentes sectores de la empresa en una sola máquina grande, el mainframe, capaz de servir a múltiples sectores.

---

[10] Memoria de acceso aleatorio – RAM. Memoria que permite el acceso a los archivos almacenados temporalmente en el ordenador.

[11] Unidad Central de Procesamiento – Unidad Central de Procesamiento. El elemento principal del hardware de la computadora, responsable de calcular y realizar las tareas determinadas por el usuario y se considera el cerebro de la PC.

[12] Máquina virtual: VM. Consiste en un software de entorno informático que ejecuta programas como una computadora real.

También llamado VMM[13], aísla el sistema operativo y los recursos del hipervisor de las máquinas virtuales y permite la creación y administración de estas máquinas.

Cuando se utiliza como hipervisor, el hardware físico se denomina host, mientras que las distintas máquinas virtuales que utilizan sus recursos se denominan *invitados*.

El hipervisor trata los recursos, como la CPU, la memoria y el almacenamiento, como un grupo que se puede reasignar fácilmente entre los *invitados* existentes o a nuevas máquinas virtuales.

Para ejecutar máquinas virtuales, todos los hipervisores necesitan algunos componentes de nivel de sistema operativo, como un administrador de memoria, un programador de procesos, una pila de entrada/salida (E/S), controladores de dispositivos, un administrador de seguridad, una pila de red, etc.

El hipervisor proporciona a cada máquina virtual los recursos que se han asignado y administra la programación de recursos de la máquina virtual en comparación con los físicos. El hardware físico realiza la ejecución, es decir, la CPU sigue ejecutando las instrucciones solicitadas por las máquinas virtuales, por ejemplo, mientras que el hipervisor gestiona la programación.

Varios sistemas operativos diferentes pueden funcionar en paralelo y compartir los mismos recursos de hardware virtualizados con un hipervisor. Este es uno de los principales beneficios de la virtualización. Sin él, solo puede ejecutar un sistema operativo en el hardware.

---

[13] Monitor de máquina virtual: VMM. El hipervisor, o monitor de máquina virtual, es una capa de software entre el hardware y el sistema operativo. VMM es responsable de proporcionar al sistema operativo visitante la abstracción de la máquina virtual. Es el hipervisor que controla el acceso de los sistemas operativos visitantes a los dispositivos de hardware.

Hay varias opciones de hipervisor, de proveedores tradicionales y de código abierto. VMware es una opción popular para la virtualización. Ofrece el hipervisor ESXi y la plataforma de virtualización vSphere. La máquina virtual basada en kernel (KVM) es de código abierto y forma parte del kernel de Linux®. Otras opciones incluyen Xen, que es de código abierto, y Microsoft Hyper-V.

Las tareas de instalación, configuración y administración están asociadas a la configuración de estas máquinas virtuales. Esto incluye la gestión de licencias, la gestión de redes y la administración de cargas de trabajo, así como la planificación de la capacidad.

La virtualización de servidores ayuda a garantizar que la plataforma pueda escalar según sea necesario para manejar grandes volúmenes y diversos tipos de datos incluidos en su análisis de big data. Es posible que no sea posible identificar el alcance del volumen o la variedad de datos estructurados y no estructurados necesarios antes de comenzar el análisis. Esto hace que la necesidad de virtualización de servidores sea aún mayor, ya que proporcionará a su entorno la capacidad de satisfacer la demanda imprevista de procesamiento de conjuntos de datos muy grandes.

Sumado a todo esto, tenemos que la virtualización de servidores proporciona la base que permite muchos de los servicios en la nube, utilizados como fuentes de datos en un análisis de Big Data, debido a la mayor eficiencia de la nube.

La virtualización, finalmente, permite operar muchos sistemas complejos, generando el rendimiento y la optimización para poder acceder a datos que antes no estaban disponibles o eran muy difíciles de recopilar.

3.1   Virtualización de aplicaciones.

Al considerar la demanda de los analistas de negocio de la empresa que utiliza Big Data, está claro que la virtualización de la infraestructura de aplicaciones proporciona una forma eficiente de gestionar las aplicaciones.

En este enfoque, las aplicaciones se encapsulan de una manera que reduce e incluso elimina sus dependencias del sistema informático físico subyacente, lo que facilita la administración general y aumenta la portabilidad de las aplicaciones.

El software de virtualización de la infraestructura de aplicaciones a menudo permite la codificación de políticas de uso técnico y empresarial para garantizar que cada una de sus aplicaciones aproveche los recursos virtuales y físicos de manera predecible.

La eficiencia, una consecuencia natural de este enfoque, se logra distribuyendo los recursos de TI de acuerdo con el valor comercial relativo de las aplicaciones. Esto permite que se dé la máxima prioridad a las aplicaciones más críticas para aprovechar los grupos de computación y la capacidad de almacenamiento disponibles según sea necesario.

La virtualización de la infraestructura de aplicaciones, cuando se combina con la virtualización de servidores, ayuda a garantizar que se cumplan los acuerdos de nivel de servicio empresariales. Esta clase de virtualización asociada con la virtualización de servidores le permite ampliar la administración de prioridades al garantizar que la mayoría de las aplicaciones de alta prioridad tengan acceso de alta prioridad a los recursos.

Las plataformas de big data diseñadas para soportar aplicaciones altamente distribuidas y con uso intensivo de datos funcionarán mejor y más rápido en un entorno virtual. Esto no implica que su empresa vaya a virtualizar todas las aplicaciones relacionadas con el Big Data.

Un ejemplo es el caso de las aplicaciones de análisis de texto. Para estas aplicaciones, no habría ningún beneficio en la virtualización y podrían funcionar mejor en un entorno independiente.

3.2   Virtualización de procesador y memoria.

La virtualización del procesador y la memoria puede ayudar a acelerar el procesamiento y obtener los resultados del análisis más rápido.

La virtualización de datos se puede utilizar para crear una plataforma para servicios de datos vinculados dinámicamente, lo que permite buscar y vincular datos fácilmente a través de una fuente de referencia unificada.

La virtualización del almacenamiento combina los recursos de almacenamiento físico para que se compartan de forma más eficaz, lo que facilita la gestión de los almacenes de datos necesarios para el análisis de big data y reduce el coste del almacenamiento de big data.

Con este enfoque es posible:

- Facilite y reduzca el costo de almacenar, recuperar y analizar grandes volúmenes de diferentes tipos de datos.

- Proporcione un servicio abstracto que entregue datos de forma coherente, independientemente de la base de datos física subyacente.

- Exponga los datos almacenados en caché a todas las aplicaciones para mejorar el rendimiento.

- Facilitar el almacenamiento de tipos de datos grandes y no estructurados

En un entorno de big data con diferentes fuentes de datos estructurados y no estructurados, es ventajoso tener acceso a una variedad de almacenes de datos operativos bajo demanda.

Por ejemplo, es posible que las aplicaciones solo necesiten acceder a una base de datos en columnas. Con la virtualización, la base de datos se puede almacenar como una imagen virtual y se puede acceder a ella solo cuando sea necesario, sin consumir valiosos recursos del centro de datos.

3.3   Virtualización de redes.

La virtualización de redes definidas por software proporciona una forma eficiente de utilizar la red como un grupo de recursos de conexión. Las redes se virtualizan de forma similar a otras tecnologías físicas.

En lugar de depender de la red física para administrar el tráfico entre conexiones, puede crear varias redes virtuales, todas con la misma implementación física.

Este marco puede ser útil si las aplicaciones requieren la definición de una red para la recopilación de datos, con un determinado conjunto de características de rendimiento y capacidad, y otra red para aplicaciones con diferente rendimiento y capacidad.

Las limitaciones en la capa de red pueden crear cuellos de botella que producen latencias inaceptables en entornos de big data. La virtualización de red tiene el potencial de reducir estos cuellos de botella y mejorar la capacidad de administrar los grandes datos distribuidos necesarios para el análisis de big data.

3.4   Abstracción y virtualización.

Para realizar la virtualización de los recursos y servicios de TI, deben estar separados del entorno de entrega físico subyacente. El término técnico para esta separación es abstracción.

La abstracción es un concepto clave en el Big Data. MapReduce y Hadoop son entornos de computación distribuida en los que todo se abstrae. Los detalles se abstraen para que el desarrollador o analista no tenga que preocuparse por la estructura en la que se encuentran realmente los elementos de datos.

La abstracción minimiza la complejidad del objeto abstracto al ocultar los detalles y proporcionar solo la información relevante.

En la nube, por ejemplo, en un modelo de entrega de infraestructura como servicio[14], los detalles de la infraestructura física y virtual se abstraen del usuario.

3.5   Computación en la nube.

El término *Cloud Computing* se utilizó inicialmente alrededor de los años 60 como un tipo de computación organizada, de utilidad pública que se origina a partir de una representación gráfica que tiene en cuenta los recursos basados en Internet y los diagramas de sistemas (Francis, 2009).

En la actualidad, el concepto se utiliza para referirse a un nuevo paradigma o tecnología flexible que ofrece recursos y servicios informáticos, basados en Internet (Böhm, et al., 2011).

El Cloud Computing también puede ser considerado como un conjunto de conceptos asociados a diversas áreas del conocimiento como la Arquitectura Orientada a Servicios (SOA), la computación distribuida, el Grid computing (modelo computacional que divide las tareas a realizar por varias máquinas) y la virtualización (Youseff, et al., 2008).

---

[14] *Infraestructura como servicio* - IaaS. La infraestructura como servicio proporciona la infraestructura de TI básica para construir una nube, ya sea privada o pública. IaaS proporciona la infraestructura de red y los servidores (virtuales o en hardware dedicado) para aquellos que desean configurar su propia nube de servicios.

A pesar de todas las ventajas de esta novedad, cabe destacar que para que el procesamiento en la nube sea operativo, la nube debe implementarse con procesos estandarizados comunes y una gran automatización.

Las empresas están recurriendo al formato de servicios en la nube para todo lo que necesitan, desde copias de seguridad hasta servicios de gestión de relaciones con los clientes (CRM). Con el crecimiento de la informática móvil, cada vez más consumidores, profesionales y empresas crean y acceden a datos con servicios basados en la nube.

Mucho más allá de la visión tecnológica que se asocia al concepto de *Cloud Computing*, el concepto también puede entenderse como una innovación principalmente en la prestación de servicios de TI (Böhm et al., 2011).

Muchos consideran que este es un potencial aún por explorar, especialmente en el desarrollo e implementación de recursos y aplicaciones informáticas. La búsqueda de nuevos modelos de negocio se enfoca principalmente en los proveedores de software (Youseff et al., 2008; Stuckenberg et al., 2011).

El NIST[15] define *la computación en la nube* como un conjunto compartido de recursos informáticos configurables, como redes, servidores, almacenamiento, aplicaciones y servicios que se pueden entregar rápidamente con un servicio (Olivier et al., 2012).

Según el NIST son muchos los beneficios de adoptar *el Cloud Computing,* pero los más importantes son los siguientes (Olivier et al., 2012):

- Permite economías de escala en el lado del proveedor de servicios, buscando promover una mayor productividad del

---

[15] Instituto Nacional de Normas y Tecnología.

proveedor de servicios de infraestructura con una flexibilidad continua en el lado del usuario en relación con las economías de escala, disminuyendo así la inversión y los costos operativos, a medida que crece el retorno de la inversión, lo que lleva a un aumento en el ritmo y el nivel de innovación general.

- Permite a las empresas encontrar competencias básicas sostenibles a través de la modernización continua y la reinversión en servicios de TI por parte del proveedor de servicios. Sugiere una lógica de evolución compleja y continua, con una mejora de la información que busca ocultar la transparencia de la Ley de Moore[16] que está en el corazón del desarrollo de las TI.

- Permite la posibilidad de un sistema de control de políticas abstractas, siendo necesario tener en cuenta un control de los parámetros de seguridad, del core business (parte más importante o cerebro del negocio) implementando una política que evite la pérdida de información relevante para el negocio.

La computación en la nube es un paradigma muy exitoso cuando se trata de guiar los servicios informáticos. Este paradigma ha permitido una revolución en el uso de la computación y las infraestructuras asociadas a ella, pero cuando hablamos de Cloud Computing hay tres conceptos de negocio asociados a ella: Infraestructura como Servicio

---

[16] La ley de Moore surgió en 1965 a través de un concepto establecido por Gordon Earl Moore. Esta ley decía que la potencia de procesamiento de las computadoras (entendiendo las computadoras como computación general, no como computadoras domésticas) se duplicaría cada 18 meses.

(IaaS), Plataforma como Servicio (PaaS) y Software como Servicio (SaaS) (Vaquero, et al., 2009).

El modelo de Cloud Computing (figura anterior) ha sido utilizado por grandes empresas para gestionar su infraestructura, ya que la externalización elimina la necesidad de realizar actualizaciones constantes del sistema, ajustar las cargas de trabajo y gestionar los recursos necesarios para sus aplicaciones. Todo este trabajo lo realiza el proveedor de la infraestructura. (Qi et al., 2010) (Putri et al., 2011).

Teniendo en cuenta los beneficios descritos anteriormente en relación con la adopción del *Cloud Computing*, es importante tener en cuenta algunas características asociadas al mismo, ver figura a continuación.

Característica	Descripción
Servicios bajo demanda	Se utiliza como un servicio siempre disponible sin necesidad de intervención manual.
Amplio acceso a la red	El servicio está disponible a través de una red, independientemente del dispositivo y del usuario final. La conexión de red debe ser de alto rendimiento y estar siempre disponible.
Uso compartido de recursos	El proveedor de servicios debe asegurarse de que se proporcionan los recursos necesarios para que los consumidores de servicios puedan utilizar la virtualización y la tecnología multiusuario.
Elasticidad rápida	Los recursos necesarios deben estar disponibles rápidamente y liberarse sin necesidad de intervención manual cuando ya no sean necesarios.
Servicio medido	Un servicio consumido debe ser medible en términos de recursos utilizados. De esta forma, la

facturación se basa en el consumo o, como se denomina modernamente, "pago por uso[17]".

Definición de *Cloud Computing* según el modelo NIST.

La computación en la nube es una novedad hoy en día y ha transformado la forma en que las empresas se relacionan con los recursos informáticos para procesar grandes cantidades de datos, ya que pueden acceder a los recursos informáticos y de almacenamiento necesarios con poco o ningún soporte informático o con la necesidad de comprar más hardware o software.

Varias características de la nube la convierten en una parte importante del ecosistema de Big Data:

1. Escalabilidad.

   - En cuanto al hardware, se refiere a la capacidad de pasar de pequeñas a grandes cantidades de potencia de procesamiento con la misma arquitectura.

   - Con respecto al software, se refiere a la consistencia del rendimiento por unidad de potencia a medida que aumentan los recursos de hardware.

   - La nube puede escalar para grandes volúmenes de datos.

   - La computación distribuida, una parte integral del modelo de la nube, en realidad funciona según un plan de "divide y vencerás" (Raj et al., 2012).

---

[17] Pagar por el uso. Es el sistema que ha ganado enorme espacio en el ámbito personal y ahora también está presente en el sector industrial, generando productividad y reducción de costos. Hay quienes dicen que, en poco tiempo, la práctica de comprar será cada vez más rara.

- Está ligado al concepto de elasticidad.

2. Elasticidad.

- Es la capacidad de ampliar o reducir la demanda de recursos informáticos en tiempo real, en función de la necesidad. Uno de los beneficios de la nube es que los clientes tienen el potencial de acceder a la cantidad de servicio que necesiten, cuando lo necesiten (Wasniowski, 2014).

- Esto puede ser útil para proyectos de big data en los que puede ser necesario ampliar la cantidad de recursos informáticos necesarios para manejar el volumen y la velocidad de los datos.

- El proveedor de servicios debe diseñar una arquitectura de plataforma que esté optimizada para este tipo de servicio.

3. Grupo de recursos.

Las arquitecturas en la nube permiten la creación eficiente de grupos de recursos compartidos que hacen que la nube sea económicamente viable.

4. Propio.

- El usuario de un recurso en la nube puede utilizar un navegador o una interfaz de portal para asignar los recursos necesarios para su aplicación. Esto es drásticamente diferente del uso de los recursos de los centros de datos, donde sería necesario presentar una solicitud de recursos de operaciones de TI a los responsables del sector (Russom, 2011).

5. Bajos costos iniciales.

Los costos iniciales se pueden reducir porque no hay compra de grandes cantidades de hardware o alquiler de nuevos espacios para implementar el Big Data de su empresa

6. Pague por uso.

Esto significa que a su empresa solo se le cobra por los recursos utilizados en función del precio de la instancia. Útil cuando no está seguro de qué recursos se necesitarán para su proyecto de Big Data. Es una ventaja siempre y cuando no se subestime el presupuesto.

7. Tolerancia a fallos.

   - Los proveedores de servicios en la nube deben tener tolerancia a fallos integrada en su arquitectura, proporcionando servicios ininterrumpidos a pesar de la falla de uno o más componentes del sistema.

   - Es habitual que un proveedor de servicios agregue capacidades de un proveedor de servicios externo para admitir errores predecibles. En estos casos, el cliente no es consciente de que está tratando con un proveedor de servicios en la nube adicional.

Francisco, en su discusión sobre las implicaciones de la computación en la nube, presentó una nueva forma de análisis y amplió la oferta de servicios y negocios (Francis, 2009).

Sin embargo, *el Cloud Computing* no solo tiene aspectos positivos. Hay algunos retos que hay que superar para lograr el éxito esperado (Halper, 2014):

- Implementar un modelo de nube de datos que sea confiable y permita a las empresas confiar sus datos a terceros de una manera que cumpla plenamente con sus marcos regulatorios.

- Implementación de una nube que permite a los usuarios mezclar y combinar servicios en la nube de múltiples proveedores con la posibilidad de cambiar fácilmente entre proveedores de servicios en la nube.

- Implementación de normas y directrices regulatorias, con diversos criterios en relación con los servicios en la nube, teniendo en cuenta aspectos como la seguridad, la protección de datos, la calidad de los servicios y la responsabilidad por usuarios específicos de los servicios.

La expectativa que tiene la empresa con el *Cloud Computing* en una empresa depende de sus características y también de algunas circunstancias particulares como:

- Costo de contención: Con la *computación en la nube* y la posibilidad de escalabilidad, las empresas ya no necesitan invertir dinero en construir y mantener su propia infraestructura, ya que los servicios y recursos necesarios están disponibles en modo de pago por uso. Así, las empresas no necesitan gastar dinero en recursos internos, que en la mayoría de las empresas no se utilizarían. Los ahorros que obtenga la empresa se pueden invertir en ayudar a la innovación empresarial. Antes de optar por una solución de TI en la nube, debe tener en cuenta el costo de TI que tiene la empresa y los costos potenciales que una solución en la nube puede traer a la empresa.

- Velocidad de Innovación: En comparación con la implementación de una infraestructura interna que puede tener un tiempo de implementación de semanas o meses para la empresa, la opción de servicios en la nube se puede hacer en tan solo unas horas. Esta rápida respuesta que obtiene la empresa permite una rápida adaptación a las demandas del mercado a un coste asequible.

- Disponibilidad: La gran mayoría de las empresas que ofrecen servicios en la nube también ofrecen mayor escalabilidad, interconexión redundante y balanceo de carga.

- Escalabilidad: La flexibilidad y escalabilidad de los servicios en la nube permiten planificar mejor la adecuación de los equipos de TI de la empresa que utilizan los servicios.

- Eficiencia: Las empresas pueden invertir en su negocio principal de una manera innovadora a través de la investigación y el desarrollo, pero la nube permite una mayor sostenibilidad en el crecimiento y la competitividad de una empresa.

- Fail-safe: Las empresas que ofrecen servicios en la nube tienen que contar con sistemas que puedan ser utilizados, por ejemplo, para la recuperación de desastres, todo esto se logra equilibrando las cargas e implementando la separación geográfica de las salas de servidores, que es una forma de proteger la solución en la nube contra desastres naturales.

La elección de las empresas para utilizar soluciones en la nube les permite estar más enfocadas en su negocio e innovación, dejando las preocupaciones con la infraestructura delegada al proveedor de servicios en la nube, que debe ser capaz de realizar operaciones de mejora rápida con costos eficientes, a través de un proceso de mejora continua.

La nube también cuenta con algunos modelos que permiten implementarla como soluciones comerciales.

Actualmente los modelos existentes en el mercado son:

- Nube privada: En este tipo de soluciones, el usuario es una empresa específica o una unidad organizativa, que puede ser interna de la empresa o contratada a una empresa que brinde servicios en la nube. Las ventajas de la nube no se pueden aprovechar al máximo a través de este modelo debido a que el grado de personalización es bastante limitado.

- *Community Cloud*: El servicio es utilizado por varios miembros de un grupo y estos servicios pueden ser ofrecidos por varios proveedores que, a su vez, pueden ser internos o externos a la comunidad.

- *Nube pública:* Servicios disponibles para el público en general, ofrecidos por un solo proveedor. En este modelo, [18]se puede aprovechar al máximo la estabilidad y los recursos, como la agrupación.

- *Nube híbrida*: La *nube* híbrida ofrece a las empresas varias posibilidades para combinar los distintos tipos de nube, en función de las ventajas y desventajas de cada tipo. Por ejemplo, los datos que deben protegerse pueden residir en una nube privada, mientras que los datos públicos y las aplicaciones pueden ejecutarse en la *nube pública*.

Jim Reavis, director ejecutivo de la Cloud Security Alliance (CSA), que es una entidad no gubernamental dedicada a la seguridad en entornos de nube, dio a conocer una lista en la que identifica siete elementos de

---

[18] La agrupación de recursos es un término de TI que se utiliza en entornos de computación en la nube para describir una situación en la que los proveedores atienden a varios clientes o "inquilinos" con servicios provisionales y escalables.

seguridad en la nube que deberían ser objeto de mucha atención (Yoon, 2011).

Los ítems, según Vaquero *et al* (2009), que deben ser objeto de atención son:

1. Pérdida de datos.

Según Jim Reavis, todavía no existe un nivel mínimo de control de seguridad en la *nube*. Las aplicaciones pueden perder datos. Esto se debe principalmente a un mal control de la API, problemas de almacenamiento o una mala gestión de las claves de acceso del sistema.

Además, no existe una política de destrucción de datos. En la mayoría de los casos, lo que existe es información falsa, que los datos han sido eliminados, enviados al cliente cuando en realidad los datos solo se eliminan del índice y no se eliminan correctamente.

2. Vulnerabilidades de las tecnologías de compartición.

En la nube, una configuración incorrecta puede duplicarse en un entorno compartido por varios servidores y máquinas virtuales, y en este contexto, debe haber SLA que garanticen la gestión de actualizaciones y las mejores prácticas posibles con respecto al mantenimiento de la red y la configuración del servidor.

3. Personas malintencionadas dentro del equipo.

Es necesario confiar en el personal existente, pero también es necesario confiar en el proveedor de servicios.

El proveedor de servicios tiene sus propios niveles de seguridad sobre el acceso a los centros de datos, lo que significa que hay diferentes niveles de control sobre el equipo.

4. Desvío de tráfico, facturas y servicios.

Hay muchos datos, aplicaciones y recursos presentes en las nubes y la autenticación para este tipo de servicios se realiza de forma insegura, ya que se puede acceder a todos los elementos y se puede obtener acceso a la máquina virtual de un cliente en modalidades como:

−   Acceso a la cuenta del cliente, en cuyo caso el cliente tiene todo el contenido de su máquina virtual expuesto al atacante.

−   Acceso al administrador de la nube, donde el atacante tiene poder sobre todas las máquinas virtuales de todos los clientes, lo que en sí mismo constituye una amenaza mucho mayor.

5.   Interfaces de programación de aplicaciones inseguras.

Las API inseguras permiten a los usuarios malintencionados utilizar estos servicios para hackear cuentas.

Pueden existir amenazas de seguridad, como ataques *de secuencias de comandos cruzadas*[19] .

6.   Red de bots.

El uso malintencionado de la nube ya ha hecho que muchos usuarios teman posibles ataques de *botnets*[20].

---

[19] Secuencias de comandos entre sitios – XSS. Es un tipo de vulnerabilidad de sitio web a través de la cual un atacante puede insertar scripts maliciosos en páginas y aplicaciones en las que se confiaría y usarlos para instalar malware en los navegadores de los usuarios. Con XSS, los piratas informáticos no se dirigen a usuarios específicos, sino que propagan malware a innumerables personas.

[20] La palabra botnet está formada por la combinación de las palabras inglesas "robot" y "network". Los ciberdelincuentes utilizan troyanos especiales para violar la seguridad de las computadoras de varios usuarios, tomar el control de cada usuario y organizar todas las máquinas infectadas en una red de "bots" que se pueden administrar de forma remota.

Esto no solo tiene un impacto directo, sino que también afecta a los usuarios que comparten la nube con los infractores.

7. Perfil de riesgo desconocido.

Si bien es cierto que la existencia de transparencia facilita muchas cosas a quienes desarrollan la nube, en cambio, la transparencia significa que los clientes solo pueden ver una interfaz, sin conocer información sobre las infraestructuras y los niveles de seguridad asociados a los servicios que están contratando.

Cuando decidimos utilizar la nube, hay una serie de riesgos que deben ser evaluados y tenidos en cuenta. Por ejemplo, en primer lugar, es importante evaluar la importancia del activo (datos y procesos) imaginando diversos escenarios a través de diversas preguntas que permitan comprender cómo se pueden exponer los activos y los procesos.

Al crear los escenarios mencionados anteriormente, pudimos evaluar el impacto en la confidencialidad, la integridad y la disponibilidad de cada activo en caso de que todo o solo parte de él permanezca en la nube.

Silva et al. (2012) proponen algunos puntos de análisis:

- ¿Hasta qué punto podríamos vernos perjudicados si el activo se publicitara y se hiciera público?

- ¿Hasta qué punto nos veríamos perjudicados si un empleado del proveedor de servicios en la nube accediera incorrectamente a datos y procesos?

- ¿Hasta qué punto podríamos vernos perjudicados si alguien externo a la empresa realizara funciones o procesos sin los permisos adecuados?

- ¿Cuál sería el impacto en caso de una interrupción del servicio que imposibilite el acceso a los datos y procesos?

– ¿Cuál es el impacto de un cambio inesperado en los datos?

El siguiente paso será evaluar a los proveedores de servicios en la nube, buscando recopilar la mayor cantidad de información posible, como qué arquitectura se utiliza, qué mecanismos de seguridad se utilizan y cuáles son las políticas de seguridad y recuperación en caso de fallas o desastres.

Es importante entender qué modelo de nube, público, privado, híbrido o comunitario, se adaptará mejor a las necesidades del negocio y de la empresa.

Otro punto importante, según Manyika et al. (2011), es conocer el flujo de datos que salen de la empresa a la nube y de la nube a la empresa, así como también es importante medir cómo se mueven los datos a la nube.

La necesidad emergente de garantizar una transición gradual de las aplicaciones de infraestructura empresarial a la infraestructura en la nube es uno de los principales desafíos para esta próxima generación de profesionales de TI. La especificación de parámetros que buscan asegurar la calidad de los servicios es un mecanismo esencial en entornos donde la tercerización es ampliamente utilizada.

La contratación de SLAs debería permitir la garantía de los niveles de servicio deseados, pero es un hecho que los SLAs, por sí solos, no garantizan la calidad, ya que un mismo servicio soporta un conjunto de mecanismos que permiten el seguimiento y la identificación de responsabilidades. Sin embargo, los castigos y compensaciones, si no se cumple el acuerdo, garantizan una buena calidad de servicio.

Los SLA son ampliamente utilizados en los servicios de telecomunicaciones con el fin de especificar las características técnicas que permiten la garantía de los servicios al usuario, como el ancho de banda, la disponibilidad y las tasas de error (Oswald et al., 2010) (Tankard, 2012).

En los servicios asociados a las TI, los SLA pueden y deben adoptarse, pero de una manera diferente a la que se utiliza en los servicios de telecomunicaciones. Así, según Yoon (2011), existe un acuerdo que viene a representar las expectativas de los usuarios y proveedores de servicios y, de esta manera, define las obligaciones que se pueden concretar para cada una de las partes involucradas.

Asimismo, según Yoon (211), es importante que la información contenida en el acuerdo sea diferenciada, observando como prioridad:

- La descripción de los servicios.

- La descripción de las partes involucradas, es decir, el usuario del servicio y el proveedor del servicio.

- Los niveles de servicio deseados.

- Las métricas utilizadas para la supervisión del servicio.

- Quiénes son los responsables del monitoreo.

- Las penalizaciones que se aplicarán cuando no se cumplan las obligaciones especificadas.

- El mecanismo de evolución del SLA.

Es importante tener en cuenta que, en el contexto del SLA, tanto el seguimiento continuo de los niveles de servicio como su especificación son fundamentales. Por ello, es imprescindible utilizar métricas para evaluar el cumplimiento de las cualidades de servicio deseadas.

La forma en que se evalúan estas métricas depende del tipo de servicio y de los tipos de características de calidad que desee lograr. En resumen, las cualidades de un SLA pueden definirse como medibles o inconmensurables (Gómez-Barroso, 2018) (Medina, 2011).

Puedes entender la importancia de definir un SLA, pero también es importante entender que un SLA no es un documento estático y su correcto uso depende del resultado de la ejecución de diversas actividades que se llevan a cabo en diferentes etapas de tu vida.

Así, hay un conjunto de fases que se asocian al ciclo de vida de un SLA (TM Forum, 2005):

- Definición. En esta fase se identifican las características del servicio y se definen los parámetros de calidad que deben ponerse a disposición de los usuarios.

- Negociación. Fase en la que la definición de los parámetros del servicio está asociada a los costes para los usuarios y las penalizaciones en caso de incumplimiento.

- Implementación. Fase en la que se prepara el servicio para el usuario.

- Ejecución. Esta fase está asociada a las operaciones de seguimiento de los servicios, siendo el objetivo la evaluación de los parámetros de calidad que se han especificado y la verificación del cumplimiento del SLA.

- Evaluación. En esta etapa, el proveedor de servicios evalúa la calidad del servicio que presta.

- Final. Es en esta etapa donde se tratan las cuestiones relacionadas con la finalización del servicio, que pueden ser la caducidad del contrato o la violación del SLA definido.

Al observar el contexto de Big Data, hay dos modelos de nube clave: nubes públicas y nubes privadas. Para las empresas que adoptan modelos de implementación y entrega en la nube, la mayoría utilizará una combinación de computación privada con centros de datos y nubes privadas y servicios públicos que son operados por empresas externas para el uso compartido de una variedad de clientes que pagan una tarifa por uso.

Con la creciente importancia de la nube, las preocupaciones sobre temas como la seguridad y la privacidad también han aumentado, sin embargo, la especificación de SLA que involucran características de seguridad, llamados SLA de seguridad, establecen algunos desafíos que involucran la especificación de niveles de seguridad y la representación en consecuencia y monitoreo constante (Boyd et al., 2012).

La siguiente figura nos permite identificar una relación entre las cualidades medibles e inconmensurables que se asocian a los servicios de TI.

Cualidades medibles	
Precisión	Limite las tasas de error de los servicios durante un determinado período de tiempo.
Disponibilidad	Probabilidad de disponibilidad del servicio cuando sea necesario.
Capacidad	Número de solicitudes simultáneas que el sistema es capaz de admitir.
Costar	Costos del servicio.
Latencia	Tiempo máximo entre las solicitudes que llegan y las que responden a ellas.
Tiempo de aprovisionamiento	Tiempo necesario para que el servicio entre en funcionamiento.
Fiabilidad de los mensajes	Garantía de entrega de mensajes.

Escalabilidad	Capacidad de servicio para aumentar el número de operaciones que se ejecutan con éxito en un período de tiempo determinado.
Cualidades inconmensurables	
Interoperabilidad	Posibilidad de comunicarse con otros servicios.
Posibilidad de cambio	La frecuencia con la que se producen modificaciones en un servicio determinado.
Seguridad	La capacidad del servicio para resistir el uso no autorizado mientras proporciona servicios a clientes legítimos.

Ejemplo de calidad en servicios informáticos.

Es importante comprender estos entornos y lo que significan para la implementación de big data. Y la forma en que las empresas equilibran los proveedores públicos y privados depende de una serie de cuestiones, como la privacidad, la latencia y el propósito.

Los dos tipos de modelos de implementación para la computación en la nube, público y privado, se ofrecen para las necesidades informáticas de uso general, a diferencia de tipos específicos de modelos de entrega en la nube.

La elección que haga su empresa dependerá de la naturaleza de sus proyectos de Big Data y de la cantidad de riesgo que la empresa pueda asumir.

También es importante, al analizar las alternativas, primero delinear los modelos de implementación y entrega y luego considerar lo que significan para Big Data, ya que, con la disponibilidad de la oferta actual, las empresas pueden determinar la mejor manera de componer su infraestructura para proyectos de Big Data (Tankard, 2012):

1. Puede utilizar una nube pública de IaaS[21].

2. Pueden seguir manteniendo todos sus datos en sus propias instalaciones en una ubicación física bajo su control.

3. Utilice combinado con las alternativas anteriores.

La nube pública es un conjunto de hardware, redes, almacenamiento, servicios, aplicaciones e interfaces que son propiedad de terceros y que son operados por ellos para su uso por parte de otras empresas e individuos.

Los proveedores son viables porque normalmente gestionan cargas de trabajo relativamente repetitivas o sencillas y crean un centro de datos altamente escalable que oculta los detalles de la infraestructura al consumidor.

Para el caso del correo electrónico, que es una aplicación muy sencilla, un proveedor de nube puede optimizar el entorno para que se adapte a dar soporte a muchos clientes, aunque guarde muchos mensajes. Lo mismo ocurre con las empresas que ofrecen servicios de almacenamiento o computación que optimizan su hardware y software para soportar estos tipos específicos de cargas de trabajo.

Al elegir este tipo de servicio, es fundamental considerar los principales problemas que generan más quejas en relación con las nubes públicas para Big Data:

---

[21] Infraestructura como servicio - IaaS. La infraestructura como servicio proporciona la infraestructura de TI básica para construir una nube, ya sea privada o pública. IaaS proporciona la infraestructura de red y los servidores (virtuales o en hardware dedicado) para aquellos que desean configurar su propia nube de servicios.

- Incumplimiento de los requisitos de seguridad.

- No cumplir con la latencia aceptable.

Las nubes públicas difieren en muchos factores. Los principales son:

- Nivel de seguridad.

- Nivel de gestión de servicios.

- Robustez.

- Costar.

La nube privada se compone de hardware, redes, almacenamiento, servicios, aplicaciones e interfaces que son propiedad de una empresa y que son operadas por ella para su uso por parte de sus equipos, socios y clientes.

Las características de la nube privada son:

✓ Puede ser implementado y gestionado por un tercero para uso exclusivo de una empresa.

✓ Es un entorno muy controlado, no abierto al consumo público.

✓ Está rodeado por un cortafuegos.

✓ Está altamente automatizado con un enfoque en la gobernanza, la seguridad y el cumplimiento. La automatización reemplaza más procesos manuales de gestión de servicios de TI para respaldar a los clientes.

Con estas características tomadas muy en serio, las reglas y procesos de negocio se pueden implementar dentro del software para que el entorno sea más predecible y manejable. Para las empresas que gestionan un proyecto de Big Data que requiere el procesamiento de grandes cantidades de datos, la nube privada puede ser la mejor opción en términos de latencia y seguridad.

Una nube híbrida es la combinación de una nube privada con el uso de servicios de nube pública con uno o varios puntos de contacto entre entornos.

El objetivo, en el caso de la nube híbrida, es crear un entorno de computación en la nube muy bien administrado que pueda combinar servicios y datos de una variedad de modelos de nube para crear un entorno informático unificado, automatizado y bien administrado.

Además de los modelos de implementación en la nube, es importante conocer y comprender los tres modelos de entrega de servicios en la nube más populares: SaaS, PaaS e IaaS.

El denominador común entre SaaS, IaaS y PaaS es el tipo de servicio que ofrecen. Todos ellos son servicios en línea que fueron diseñados para funcionar a través de la nube y funcionar en base a pago por uso.

Esta es la mayor ventaja, ya que su empresa paga por el servicio que quiere, necesita y utiliza, y nada más. El mantenimiento y el soporte son ofrecidos por el proveedor, lo que convierte al sistema "como servicio" en la opción ideal para las empresas que desean reducir costos, mejorar la comunicación y aumentar la productividad.

3.5.1   SaaS, IaaS y PaaS.

3.5.1.1   Infraestructura como servicio - IaaS.

Este modelo funciona bajo la misma premisa que el SaaS, ofreciendo un servicio de infraestructura en régimen de pago por uso y completamente online. Este servicio ofrece un proveedor de nube para asignar toda la base de datos de una empresa.

Toda empresa que preste servicios a los clientes necesita un proveedor que guarde la información de los clientes, las contraseñas y el contenido.

Tomemos Facebook como ejemplo. Cuando ingresamos nuestro correo electrónico y contraseña, el sitio nos dirige a todas nuestras fotos, nuestro contenido, mensajes e información. Todo esto tiene que ser guardado en algún lugar, y ese lugar es la nube.

Antes, todo esto se hacía a través de hardware, a través de computadoras en forma física. Ahora, con IaaS, hay empresas que ofrecen *computación en la nube*, ofreciendo a su empresa una opción más económica y fácil de pagar por la infraestructura necesaria.

Cuando pagamos por este espacio, el proveedor, como Amazon o UOL, es responsable de verificar si la cantidad de espacio es suficiente, del mantenimiento y soporte y de mantener el sitio web de la empresa en línea.

Tu empresa paga por lo que usa y no necesita tener la infraestructura física para guardar todos los datos, lo cual es mucho más práctico y económico.

Características principales:

- IaaS es el tipo más simple de servicios de computación en la nube.

- IaaS consiste en la prestación de servicios informáticos, incluidos hardware, redes, almacenamiento y espacio en el centro de datos en régimen de alquiler.

- El consumidor de servicios compra un recurso y se le cobra por ese recurso en función de la cantidad utilizada y la duración de ese uso.

- Existen varias versiones públicas y privadas de IaaS:

a. En la IaaS pública, el usuario utiliza una tarjeta de crédito para comprar estos recursos. Cuando el usuario deja de pagar, la función desaparece.

b. En la IaaS privada, suele ser la empresa de TI o un integrador la que construye la infraestructura diseñada para entregar recursos bajo demanda a los usuarios internos y, a veces, a los socios comerciales.

- Los proveedores de nube pública, como AWS, Microsoft Azure y Google Cloud, son ejemplos de IaaS.

La solución ha sido estimular el mercado. En 2018, IaaS fue responsable del movimiento de US$ 31 mil millones, en comparación con US$ 23.6 mil millones en 2017. Desde el principio, la industria ha estado dominada por AWS (Amazon Web Services), líder mundial en ingresos, con una cuota de mercado del 38%. Le sigue Microsoft con un 18%, Google con un 9% y Alibaba con un 6%.

3.5.1.2 Plataforma como servicio[22] - PaaS

Este modelo brinda la posibilidad de crear nuevas características para los clientes de *computación en la nube*, ya que pueden desarrollar sus propias aplicaciones desde la plataforma principal ofrecida.

Un buen ejemplo de uso de este modelo es la automatización de procesos y la implementación de la metodología BPM basada en el procesamiento en la nube. Toda la información se almacena de forma

---

[22] *Plataforma como servicio* - PaaS. La plataforma como servicio proporciona la infraestructura y los componentes de middleware que permiten a los desarrolladores, administradores de TI y usuarios finales crear, integrar, migrar, implementar, proteger y administrar aplicaciones web y móviles.

segura, se puede monitorear fácilmente, llega a todos los departamentos y personas al mismo tiempo y se puede actualizar en el momento en que sucede.

Esto da como resultado una estandarización extremadamente positiva, ya que todos los procesos están en el mismo lugar y se pueden mapear y optimizar fácilmente. Dado que los pagos se realizan por uso de forma mensual o anual y los resultados se notan rápidamente, los costos disminuyen y la productividad aumenta, lo que le da a la empresa una gran ventaja sobre aquellos que aún usan software tradicional.

Características principales:

- Es un mecanismo para combinar IaaS con un conjunto abstracto de servicios de middleware, desarrollo de software . y herramientas de implementación.

- Requiere una IaaS.

- Soporte para diferentes lenguajes de programación.

- Reducción del tiempo de desarrollo.

- Permite a la empresa tener una forma coherente de crear e implementar aplicaciones en la nube o en las instalaciones.

- Ofrece un conjunto coherente de servicios de programación o middleware que garantizan que los desarrolladores tengan una forma bien probada e integrada de crear aplicaciones en un entorno de nube.

- Reúne el desarrollo y la implementación para crear una forma más manejable de crear, implementar y escalar aplicaciones.

- Todo está en la nube, excepto la programación.

- Problemas que pueden ocurrir con PaaS:

  a. Gran dificultad para migrar su sistema a otro competidor. Los lenguajes de programación pueden ser conflictivos y siempre es posible encontrar resistencias con respecto a la rigidez de algunas cláusulas del contrato.

  b. Posibilidad de que tu empresa no cuente con una estructura de hardware adecuada o muy escalable.

Entre los proveedores de PaaS se encuentran los gigantes tecnológicos, que tienen la capacidad de ofrecer una amplia gama de capacidades a los clientes en la misma plataforma. Algunos de los principales son Google App Engine, Oracle Cloud Platform, Cloud Fondry de Pivotal y Heroku de Salesforce

3.5.1.3 Software como servicio[23] - SaaS.

- Es una aplicación empresarial creada y alojada por un proveedor en un modelo multiusuario. La tenencia múltiple se refiere a la situación en la que una sola instancia de una aplicación se ejecuta en un entorno de nube, pero sirve a varias empresas cliente (inquilinos) mientras mantiene todos sus datos separados.

- Es la capa más operativa en la estrategia de tecnología en la nube

---

[23] *Software como servicio* – Saa. El software como servicio es una forma de hacer que las soluciones de software y tecnología estén disponibles a través de Internet, como un servicio. Con este modelo, los clientes no necesitan instalar, mantener y actualizar el hardware o el software. El acceso es fácil y sencillo, requiriendo solo una conexión a Internet.

de una empresa

- Los clientes pagan por el servicio por usuario de forma mensual o anual según el modelo de contrato.

- Los datos están seguros en la nube, una falla del equipo no resulta en la pérdida de datos.

- El uso de recursos puede escalar en función de las necesidades del servicio.

- Se puede acceder a las aplicaciones desde prácticamente todos los dispositivos conectados a Internet, desde cualquier parte del mundo.

- Demanda de PaaS e IaaS.

Microsoft, con Office 365, Dropbox, Salesforce, Google Apps y Red Hat Insights son algunos ejemplos de SaaS.

3.5.2   No se puede confiar al 100% en la nube.

Los servicios basados en la nube pueden proporcionar una solución rentable a sus necesidades de Big Data, pero la nube, como todo lo demás en el mundo, no está exenta de problemas. Es importante analizar bien los pros y los contras antes de decidirse por este tipo de servicio.

Vale la pena reflexionar mucho sobre estos temas.

1. Costos. Los costos pequeños, cuando se suman, pueden convertirse en grandes deudas. Ten cuidado de leer la letra pequeña de cualquier contrato y asegúrate de saber lo que quieres hacer en la nube.

2. Transporte de datos. Es necesario estar seguro del proceso que realizará la transferencia de datos en la nube en primer lugar. Por ejemplo, algunos proveedores permiten el envío de datos por correo electrónico. Otros insisten en enviarlo a través de la red. El proceso que elija debe ser el mejor para su empresa y debe tener el costo más bajo.

3. Ubicación. ¿Necesitas saber dónde se ubicarán los datos de tu empresa? En algunas empresas y países, los problemas regulatorios impiden que los datos se almacenen o procesen en máquinas en diferentes países.

4. Rendimiento. Dado que su empresa está interesada en obtener un estándar de rendimiento de su proveedor de servicios, asegúrese de que haya definiciones explícitas de acuerdos de nivel de servicio para la disponibilidad, el soporte y el rendimiento. Por ejemplo, el proveedor podría decir que la empresa podrá acceder a los datos el 99,999 por ciento del tiempo. Por lo tanto, lea siempre las "líneas pequeñas" del contrato. ¿Este tiempo de actividad incluye mantenimiento programado, días festivos y problemas meteorológicos?

5. Integridad de los datos. Es necesario que el proveedor demuestre que cuenta con los controles adecuados para garantizar que se mantenga la integridad de sus datos.

6. Conformidad. El proveedor debe cumplir con todos los problemas de cumplimiento específicos de su empresa o industria.

7. Acceso a los datos. El proveedor debe demostrar, sin lugar a dudas, que existen controles para garantizar que la empresa y solo ella tendrá acceso a sus datos. Esto puede incluir la

administración de identidades, donde el objetivo principal es proteger la información de identidad personal para que el acceso a los recursos informáticos, aplicaciones, datos y servicios se controle adecuadamente.

3.5.3   Notificaciones de violación de datos.

La LGPD no tiene plazos detallados para informar sobre las fugas de datos a la autoridad supervisora. La ley solo dice que la comunicación debe hacerse dentro de un tiempo "razonable".

El RGPD, por su parte, determina que estas incidencias deben ser notificadas en un plazo de 72 horas.

Por otro lado, la ley brasileña también determina que las personas que vean sus datos violados también deben ser notificadas del incidente, lo que no es un requisito en la normativa europea.

3.5.4   Sanciones.

Las sanciones a las que están sujetas las empresas siguen el mismo enfoque.

El RGPD determina que, en caso de incidente de violación de datos, puede haber multas que oscilan entre los 10 y los 20 millones de euros o entre el 2% y el 4% de la facturación anual total del ejercicio anterior, lo que sea mayor.

La LGPD, a su vez, establece multas simples de hasta el 2% de los ingresos globales del año anterior hasta 50 millones de reales por infracción.

También es importante destacar que el RGPD es una regulación y, por lo tanto, busca ser más directa y objetiva en sus términos, estableciendo reglas específicas para diferentes situaciones.

La LGPD, por su parte, es una ley, con cláusulas más abiertas y subjetivas, que permiten diferentes interpretaciones en algunos puntos, que serán consolidadas por la jurisprudencia y reguladas por la ANPD, una vez creada.

A pesar de ello, ambos tienen el mismo objetivo: garantizar la privacidad de las personas e, indirectamente, hacer un llamamiento a las empresas para que afronten el problema de la seguridad de la **información**.

4   Estrategia de implementación de Big Data.

Una estrategia bien diseñada para la implementación de Big Data es esencial para el éxito de cualquier iniciativa en este campo. La implementación efectiva de Big Data implica una serie de consideraciones y pasos que deben planificarse y ejecutarse cuidadosamente. En este texto, discutiremos los principales aspectos de una estrategia de implementación de Big Data.

4.1   Definición de objetivos.

A la hora de establecer objetivos para la implementación efectiva del Big Data, es fundamental partir de la formulación de metas claras y específicas que la organización quiere alcanzar a través de este enfoque innovador.

La amplitud de los objetivos puede ser variada y adaptable según las diferentes necesidades y prioridades de la empresa. Desde la optimización de la eficiencia operativa hasta la mejora de las capacidades de toma de decisiones estratégicas, pasando por la mejora de la personalización del servicio al cliente y la mejora de la eficacia de la cadena de suministro, definir cuidadosamente estos objetivos es crucial para dirigir con precisión los esfuerzos y recursos asociados con el uso de Big Data.

Este paso inicial no solo sienta una base sólida para una ejecución exitosa de la estrategia, sino que también abre la posibilidad de explotar al máximo el potencial transformador que el Big Data puede ofrecer a las operaciones y los resultados de la organización.

4.2   Evaluación de la infraestructura existente.

Al evaluar la infraestructura existente, surge la necesidad crucial de examinar la capacidad tecnológica actual de la organización para determinar su preparación para manejar Big Data. Este proceso abarca el análisis exhaustivo de la capacidad de almacenamiento, procesamiento y análisis de datos, así como la identificación de brechas y áreas que necesitan modernización tecnológica.

De ser necesario, se podrá considerar la implementación de inversiones dirigidas a infraestructura y la incorporación de tecnologías apropiadas para fortalecer la capacidad de la organización para cumplir con los requerimientos de Big Data.

Este paso crítico tiene como objetivo garantizar que la infraestructura esté alineada con las demandas impuestas por la gestión eficaz de grandes volúmenes de datos, permitiendo así a la organización capitalizar plenamente las oportunidades que ofrece este enfoque analítico avanzado.

4.3 Identificación de las fuentes de datos.

El siguiente paso consiste en identificar las fuentes de datos que son esenciales para la organización. Este proceso engloba la recopilación tanto de datos internos -como transacciones, registros de clientes e información operativa- como de datos externos -como datos de mercado, interacciones en redes sociales, información pública, entre otros-.

La identificación cuidadosa de estas fuentes de datos desempeña un papel clave en la evaluación de la disponibilidad y pertinencia de la información en relación con los objetivos determinados por la organización.

Este mapeo detallado no solo proporciona información valiosa para la planificación estratégica, sino que también guía la ejecución detallada de las iniciativas de análisis de datos, lo que permite a la organización maximizar el valor y la utilidad de los datos disponibles.

4.4 Selección de tecnologías apropiadas.

En la etapa de Selección de Tecnologías Apropiadas, es crucial, teniendo en cuenta los objetivos trazados y las fuentes de datos identificadas, elegir las tecnologías más apropiadas para el procesamiento, almacenamiento y análisis de estos datos.

En este contexto, existe una gama de alternativas disponibles, como bases de datos NoSQL, lagos de datos, plataformas de procesamiento distribuido, herramientas de análisis predictivo, entre otras.

La elección juiciosa de estas tecnologías juega un papel clave en la efectividad de la implementación de Big Data, lo que permite una manipulación eficiente y valiosos conocimientos de los datos.

Cada tecnología seleccionada debe estar alineada con los requisitos específicos de la organización y la naturaleza de los datos a procesar, con el objetivo de maximizar el potencial de generación de valor y la optimización de los procesos de análisis de datos.

4.5   Recopilación e integración de datos.

En la fase de Recopilación e Integración de Datos, una vez que se han seleccionado las tecnologías, se hace necesario establecer procesos efectivos para la recopilación e integración de datos. Este procedimiento puede implicar la implementación de tuberías de datos, que permiten capturar y transferir datos a los sistemas de almacenamiento y procesamiento.

Además, es esencial garantizar la calidad e integridad de los datos llevando a cabo etapas de limpieza, transformación y enriquecimiento, preparándolos para el análisis. Esta cuidadosa gestión de los datos no solo facilita la organización y accesibilidad de los datos relevantes, sino que también contribuye significativamente a la precisión y fiabilidad de los resultados obtenidos a través del análisis de Big Data.

La integración eficiente de datos crea una base sólida para generar conocimientos y tomar decisiones basadas en información estratégica y procesable.

4.6 Análisis y extracción de insights.

En la etapa de Análisis y Extracción de Insights, que sigue a la recopilación e integración de datos, entra en juego la aplicación de diversas técnicas de análisis de datos, como el aprendizaje automático, la minería de datos y las estadísticas. Estas técnicas se emplean con el objetivo de identificar patrones, tendencias y correlaciones significativas en los datos recopilados.

Este proceso permite la extracción de información valiosa que puede respaldar la toma de decisiones estratégicas, identificar oportunidades de negocio, optimizar los procesos internos y mejorar la experiencia del cliente.

El análisis de datos en profundidad, combinado con el uso de herramientas avanzadas como la inteligencia artificial y el análisis predictivo, mejora la capacidad de la organización para explotar al máximo el potencial del Big Data, transformando la información en acciones orientadas a resultados e impulsando el éxito empresarial.

4.7 Visualización y comunicación de resultados.

La etapa de Visualización y Comunicación de Resultados juega un papel crucial en la efectividad del análisis de Big Data. Es esencial presentar los insights de una manera clara y comprensible, haciendo que la información sea accesible y útil para la organización.

Mediante el uso de técnicas avanzadas de visualización de datos, como gráficos, paneles de control e informes interactivos, los resultados del análisis se pueden compartir de manera impactante y significativa con los equipos de trabajo, los gerentes y otras partes interesadas.

Este enfoque facilita la comprensión de los insights y promueve el uso efectivo de la información, lo que resulta en decisiones estratégicas basadas en datos y acciones guiadas por los resultados generados.

La comunicación clara y visualmente atractiva de los resultados mejora la capacidad de la organización para aprovechar al máximo el valor de los datos analizados, impulsando la innovación, la mejora de procesos y la ventaja competitiva en el mercado.

4.8   Seguimiento y ajustes.

La fase de Monitoreo y Ajustes es esencial en el contexto del análisis de Big Data, ya que este proceso es dinámico y requiere una vigilancia constante. Es esencial monitorear de cerca la efectividad de los modelos y algoritmos empleados, identificando las áreas potenciales de mejora y los ajustes necesarios a lo largo del tiempo.

Además, el seguimiento de los resultados tras la implementación de las acciones es crucial para evaluar el impacto y la relevancia de las decisiones tomadas en base a los insights extraídos de los datos analizados.

Este seguimiento continuo permite dar una respuesta ágil a los cambios en el entorno empresarial y a las necesidades de la organización, asegurando el mantenimiento de la eficacia de las estrategias de Big Data y maximizando el valor obtenido del análisis de datos.

La capacidad de ajustar y optimizar constantemente los enfoques analíticos contribuye significativamente al logro de los objetivos establecidos y a la mejora continua de los procesos y resultados de la organización.

4.9   Seguridad y privacidad de los datos.

Con el aumento exponencial de la recopilación y el procesamiento de datos, la seguridad y la privacidad de los datos han asumido un papel crucial. Es esencial adoptar medidas sólidas de ciberseguridad, utilizar técnicas de cifrado e implementar una gobernanza de datos efectiva.

Estas acciones tienen como objetivo garantizar la protección de los datos contra amenazas y violaciones, así como garantizar el cumplimiento de las leyes y regulaciones vigentes en materia de protección de datos.

Proteger la integridad y confidencialidad de los datos es esencial para generar confianza en los clientes, preservar la reputación de la empresa y evitar sanciones legales asociadas con el manejo inadecuado de información confidencial. Al priorizar la seguridad y la privacidad de los datos, las organizaciones pueden mitigar riesgos significativos y mantener la transparencia y la responsabilidad en el manejo de los datos personales y empresariales.

4.10   Mejora continua.

La mejora continua en el uso del Big Data es fundamental, ya que este proceso es iterativo y requiere una mentalidad de búsqueda constante de mejoras e innovaciones en el análisis de datos.

Las organizaciones deben estar preparadas para adoptar nuevas tecnologías, fortalecer las habilidades y competencias del personal y ajustar sus estrategias en respuesta a los cambios en el entorno empresarial y las demandas de los clientes.

La búsqueda de la mejora continua proporciona una ventaja competitiva significativa, lo que permite a las organizaciones adaptarse rápidamente a las transformaciones del mercado y extraer el máximo valor del uso de Big Data.

Al seguir siendo ágiles y receptivas a la evolución tecnológica y a las necesidades del mercado, las empresas pueden impulsar la innovación, optimizar los procesos y mejorar continuamente sus operaciones para lograr el éxito a largo plazo.

5   Seguridad, Gobernanza, Ética y Sociedad.

La seguridad de los datos puede considerarse como un proceso de protección de archivos, bases de datos y cuentas en una red. El sistema adopta un conjunto de controles, aplicaciones y técnicas que identifican la importancia relativa de los diferentes conjuntos de datos, su sensibilidad y los requisitos de cumplimiento normativo y, a continuación, aplica las medidas de seguridad adecuadas para protegerlos.

La gobernanza, a su vez, basada en el concepto de gobernanza de la información, puede entenderse como la capacidad de crear una fuente fiable de información que pueda ser utilizada por los empleados, socios y clientes de la empresa.

Está claro que, si bien el gobierno y la seguridad del dato ocupan gran parte de la atención de las buenas empresas, es muy probable que no estén preparadas para las complejidades que presenta la gestión del Big Data.

En general, el análisis de Big Data se realiza con una amplia gama de fuentes de datos que pueden no ser probadas y, debido a la inseguridad generada por este proceso, las empresas deben abordar las políticas de seguridad y gobernanza que se aplican a este escenario (Ksheri, 2014).

Algunos de estos datos no serán necesarios y deben eliminarse adecuadamente. Los datos que permanezcan deberán ser protegidos y gobernados. Por lo tanto, independientemente de la estrategia de gestión de la información de la empresa, ésta debe tener una estrategia de seguridad muy bien definida.

La combinación de seguridad y gobernanza garantizará la rendición de cuentas de todas las partes involucradas en la gestión de la información.

Algunos expertos creen que los diferentes tipos de datos requieren diferentes formas de protección y que, en algunos casos, en un entorno de nube, el cifrado de datos puede ser excesivo.

Es posible encriptar todo. Un ejemplo es escribir algo en tu propio disco duro y cifrarlo cuando lo envías al proveedor de servicios en la nube o cuando lo almacenas en la nube de un proveedor de bases de datos. Es posible cifrar en cada capa del proceso.

Cifrar todo es una buena alternativa de seguridad, pero representa una pérdida de rendimiento. Por ejemplo, muchos expertos aconsejan administrar sus propias claves en lugar de dejar que un proveedor de la nube lo haga, y esto puede resultar engorroso. Hacer un seguimiento de demasiadas teclas puede ser una pesadilla. Además, cifrar todo puede crear otros problemas.

Por ejemplo, si su equipo está tratando de cifrar datos en una base de datos, deberá examinar los datos tal como están almacenados en la base de datos. Este procedimiento puede ser costoso y complicado.

Uno de los puntos débiles de las estrategias de cifrado es que sus datos están en riesgo, tanto antes como después de ser cifrados. Mantener un gran número de claves puede ser poco práctico, y administrar el almacenamiento, el archivado y el acceso a las claves es difícil. Para aliviar este problema, genere y calcule las claves de cifrado según sea necesario para reducir la complejidad y mejorar la seguridad.

Estas son algunas otras técnicas de protección de datos disponibles actualmente:

- Anonimización de datos.

    o Los datos se anonimizan cuando se eliminan datos que se pueden vincular de forma única a una persona, como el nombre, el número de la seguridad social o el número de tarjeta de crédito de una persona.

o Si bien esta técnica es muy útil para proteger los datos de identificación personal, generando privacidad, es necesario tener mucho cuidado con la cantidad de información que se elimina. Si son insuficientes, los piratas informáticos aún pueden identificar a quién se refieren los datos.

- Tokenización[24].

o Esta técnica protege los datos confidenciales reemplazándolos con tokens aleatorios o valores de alias[25] que no significan nada, para evitar que personas no autorizadas obtengan acceso a esos datos.

o La tokenización puede proteger la información de tarjetas de crédito, contraseñas, información personal, etc.

o Algunos expertos argumentan que es más seguro que el cifrado.

- Controles de bases de datos en la nube.

o En esta técnica, los controles de acceso están integrados en la base de datos para proteger toda la base de datos de modo que no sea necesario cifrar cada segmento de datos en la nube.

5.1 Diez mejores prácticas para la seguridad de Big Data

Cuando se habla de seguridad de Big Data, la atención se centra invariablemente en los riesgos para la protección de la información. Esta fragilidad es aún mayor durante el proceso de despliegue de Big

---

[24] Un proceso que sustituye datos reales por datos equivalentes del mismo formato y protegidos por encriptación.

[25] Alias significa seudónimo, apodo y, en informática, es un comando que permite sustituir una palabra por otras o por una cadena.

Data. Los proyectos de Big Data han recibido especial atención por parte de las corporaciones debido a su capacidad para explorar datos no estructurados en busca de nuevos conocimientos y oportunidades de negocio.

Al trabajar con grandes cantidades de información de muchas fuentes diferentes, deberá tener mucho cuidado con la seguridad. El almacenamiento de los datos recopilados puede convertirse en objetivo de ataques virtuales y fugas de información confidencial, lo que dañaría la reputación de la empresa, comprometiendo su credibilidad.

Priorizar la seguridad de los procesos es extremadamente importante.

Es necesario mejorar la resiliencia de los sistemas, utilizando recursos de duplicación de datos y alta disponibilidad, además de verificar la regulación y el cumplimiento de la ubicación de almacenamiento, ya que el uso de servidores en la nube hace que la gestión de la seguridad y privacidad de los datos sea aún más compleja (Youself, 2008).

La mayoría de los errores que se cometen en los proyectos de Big Data están relacionados con la falta de mecanismos de autenticación y el uso de canales sin mayor seguridad para acceder a la base de datos, como el cifrado. Por lo tanto, para que la empresa se mantenga enfocada en sus objetivos y estrategias de Big Data, sin tener que preocuparse excesivamente por la seguridad de los datos, existen algunos métodos que pueden minimizar estos problemas.

Aquí hay 10 prácticas que se deben seguir:

1º. Supervise el hardware.

El proceso de recopilación de los datos requiere un alto nivel de seguridad, ya que, al ser posible acceder a información de diferentes fuentes y diferentes formatos, sus orígenes pueden no ser fiables.

Se requiere una supervisión de hardware en tiempo real para evitar la entrada de datos falsos y la adición de dispositivos que no son de confianza en un clúster.

Para prevenir este tipo de ataques, se deben implementar sistemas front-end como firewalls y routers[26] .

2º. Garantice la seguridad del almacenamiento de datos y los registros de registro[27].

La gestión del almacenamiento es una de las categorías que más se deben tener en cuenta en materia de seguridad. La ubicación de los datos no es fija y puede sufrir modificaciones e incluso ataques maliciosos.

El cifrado basado en políticas DRM[28] permite controlar el contenido de forma restringida. La rotación de claves y el cifrado de transmisión son formas de garantizar la protección del almacenamiento.

---

[26] Un firewall es un dispositivo de seguridad de red que monitorea el tráfico de red entrante y saliente y decide permitir o bloquear tráfico específico de acuerdo con un conjunto definido de reglas de seguridad.

[27] El registro de datos es un término utilizado para describir el proceso de registro de eventos relevantes en un sistema informático.

[28] Gestión de Restricciones Digitales – DRM. La gestión de derechos es una tecnología que tiene como objetivo proteger los medios digitales. Su objetivo es frenar la piratería para que los contenidos digitales producidos por una persona o empresa no sean copiados y distribuidos indiscriminadamente.

Si los datos se encuentran en una ubicación que no es de confianza, se recomienda utilizar SUNDR[29] que aumente las posibilidades de detectar cambios no autorizados.

3º. Adopte protocolos de seguridad personalizados para bases de datos NoSQL.

El uso de bases de datos y sistemas NoSQL, aunque tiene algunos beneficios, como una escalabilidad más barata y menos laboriosa, la posibilidad de utilizar máquinas menos potentes y la facilidad de mantenimiento, no se considera lo más seguro, ya que los ataques son comunes.

Se recomienda utilizar contraseñas seguras, algoritmos Hash30 y TLS, 31 que es un protocolo de seguridad que protege la comunicación realizada por los servicios de internet, la navegación por páginas y otros tipos de transferencias de datos. Además, se deben registrar todas las conexiones y realizar la replicación de datos.

4º. Garantizar el anonimato de los usuarios.

---

[29] Repositorio seguro de datos no confiables: SUNDR. Es un sistema de archivos de red diseñado para almacenar datos de forma segura en servidores que no son de confianza. SUNDR permite a los clientes detectar cualquier intento no autorizado de modificación de archivos por parte de operadores de servidores o usuarios malintencionados.

[30] Una función hash es un algoritmo que asigna datos de longitud variable a datos de longitud fija. Los valores devueltos por una función hash se denominan valores hash, códigos hash, sumas hash, sumas de comprobación o simplemente hashes.

[31] Seguridad de la capa de transporte.

El uso de datos en el anonimato no es suficiente para proteger al usuario, ya que estos datos se pueden emparejar con el propietario. La información importante corre el riesgo de filtrarse y, no siempre, los profesionales que realizan el análisis son conscientes de los posibles riesgos (Boyd et al., 2012).

Se recomienda que se implemente una separación entre los derechos y deberes de cada usuario, de modo que a cada uno se le permita acceder solo a los datos que necesita para realizar su trabajo.

5º. Verificación y validación de fuentes de datos

Realizar un registro completo de toda la información para tener un mayor control del proceso. Registre y controle todas las interacciones, asegurándose de que el acceso esté estrictamente controlado.

Para garantizar la eficiencia del proceso y que la privacidad de los datos no se vea comprometida, se deben enmascarar o eliminar todos aquellos que se refieran a identificación personal, números de registro, entre otra información sensible (Chen et al., 2017).

De esta forma, los proyectos de Big Data se pueden personalizar y tener una alta capacidad de seguridad para que los datos puedan ser capturados y analizados sin ningún riesgo para las empresas.

6º. Certificar sistemas distribuidos.

Algunos problemas han sido recurrentes en las estructuras de programación distribuida, como la fuga de información, la falta de fiabilidad y el cumplimiento de las políticas de seguridad.

Por lo tanto, el primer paso es establecer políticas claras y garantizar que cada nodo de las estructuras distribuidas sea seguro y tenga un control de acceso continuo.

7º. Valide *los puntos de conexión*[32].

La alta frecuencia del uso de BYOD[33] se ha convertido en un gran desafío para la validación de endpoints, ya que los dispositivos móviles pueden ser falsificados, robados e incluso enmascarar a los usuarios.

Es necesario reforzar la seguridad, utilizando herramientas de certificación y gestión en todos los dispositivos utilizados.

Controle el acceso granular.

El acceso granular es un método que permite proporcionar privilegios a cada usuario. Cada elemento se puede controlar y se deben utilizar algunas prácticas estándar para que este método sea efectivo.

Es necesario asegurarse de que esta entrada se controle mediante el mantenimiento de etiquetas de acceso, el seguimiento de los requisitos de confidencialidad del SSO[34] y el desarrollo de protocolos completos para mantenerse al día con las restricciones.

---

[32] La seguridad de endpoints es un enfoque para proteger una red empresarial, con supervisión del estado, el software y las actividades.

[33] Traiga su propio dispositivo – BYOD. En traducción libre, significa traer tu propio dispositivo. Este es el concepto relacionado con que el empleado utilice su propio equipo, ya sea una computadora portátil, una tableta o incluso un teléfono inteligente para realizar sus tareas profesionales.

[34] o Inicio de sesión único – SSO. El acceso único es una forma de autenticación que permite el acceso a diferentes aplicaciones y plataformas utilizando un solo registro. Es una medida muy utilizada en los medios digitales y agiliza los procesos para la experiencia del usuario.

8º. Utilice el cifrado.

Dado que los proyectos de big data utilizan grandes flujos de datos a través de la nube, el cifrado debe ser una parte clave del proceso de seguridad.

Los avances en criptografía permiten cálculos de datos totalmente encriptados, sistemas de firma grupal que evitan la identificación de individuos y dispersan la ubicación de los datos después de cada acceso.

9º. Auditoría en detalle.

Las auditorías deben realizarse de manera granular, ya que los usuarios a menudo pasan por alto o simplemente ignoran las alertas de seguridad, por lo que las auditorías deben realizarse con regularidad para garantizar una protección completa.

Además, los datos de auditoría deben estar protegidos para que se consideren fiables. Deben estar separados y restringidos, y su acceso debe estar siempre registrado y controlado.

5.2   Riesgos potenciales para la sociedad.

Algunos de los beneficios que pueden surgir del progreso tecnológico son claros, sin embargo, este mismo progreso tecnológico puede generar algunos riesgos para la sociedad. Algunas previsiones indican que entre los años 2020 y 2060 la potencia de cómputo puede superar la capacidad humana en casi todos los ámbitos (Helbing, 2015a).

Esta hipótesis ha sido motivo de preocupación para algunos de los visionarios en el campo de la tecnología, expertos como Bill Gates de Microsoft, Elon Musk de Tesla Motors y el cofundador de Apple Steve Wozniak, así como el físico Stephen Hawkings señalan que con el paso del tiempo se han dejado advertencias respecto a los aspectos negativos relacionados con el Big Data.

Ven el crecimiento computacional y el volumen de datos como un problema, ya que según estos expertos, el análisis del comportamiento humano, en la línea del Gran Hermano de George Orwell, puede someter a la humanidad a un peligro aún mayor que el que actualmente representan las armas nucleares (Helbing et al., 2015a) (Hancock, 2015).

Pensadores como Helbing (2014) y Chui et al., (2018) van más allá en este análisis y argumentan que la información personalizada[35] construye una burbuja alrededor de los individuos. Una especie de cárcel digital para su pensamiento, ya que las personas están menos expuestas a otras opiniones, lo que puede aumentar la polarización dentro de las sociedades y, por lo tanto, potenciar los conflictos.

La creatividad y el tan aclamado "pensar fuera de la caja" no pueden fluir adecuadamente, en condiciones en las que todo lo que se recibe en las lecturas, las redes sociales y los medios de comunicación es, debido a las posibilidades de selección de las fuentes disponibles para el sujeto, la respuesta de sí mismo, es decir, de sus propias ideas.

La información personalizada tiende a reforzar patrones.

Brundage et al. (2018) denominan a este efecto como "cámaras de eco" en las que los individuos solo escuchan y reciben puntos de vista que están alineados con su forma de pensar o que están alineados con sus creencias.

En resumen, según Helbing (2015a) y Pournaras (2015):

---

[35] *Información personalizada.*

"Un sistema centralizado de control social y conductual tecnocrático utilizando un sistema superinteligente resultaría en una nueva forma de dictadura".

Así, la información personalizada, el producto tan cacareado como principal resultado del universo Big Data, puede ser un arma de doble filo, porque la misma tecnología puede ayudar a promover nacionalismos, así como fomentar reacciones contra las minorías, dar lugar a resultados electorales sesgados, etc. (Helbing, 2015b).

Estas preocupaciones con respecto al Big Data se ven agravadas por el hecho de que gran parte del tipo de comunicación que se lleva a cabo dentro de las sociedades modernas está actualmente mediada en cierta medida por sistemas automatizados (Bollier, 2010).

Brundage et al. (2018) y Acquisti et al. (2015), afirman que las características intrínsecas del Big Data, como la escalabilidad, lo hacen especialmente apropiado para debilitar o distorsionar el discurso público mediante la producción de contenidos persuasivos a gran escala, pero al mismo tiempo falsos, que pueden fortalecer los regímenes despóticos por un lado y por otro dañar el buen funcionamiento incluso de las democracias más desarrolladas.

En resumen, el Big Data no es una tecnología sin posibilidad de sesgos negativos, no es una tecnología que esté por encima del bien y del mal. Existe, por tanto, la urgencia y la necesidad de someter esta tecnología, cada vez más extendida, a los valores de nuestras sociedades, es decir, hacerla compatible con los valores esenciales que rigen nuestras sociedades. Valores como la igualdad, la justicia, la equidad, etc.

Según Helbing (2015a), si esto no ocurre, tarde o temprano, las tecnologías causarán daños significativos a las sociedades. El autor también afirma que hay razones para pensar el tema de manera más crítica, ya que algunos países ya han recurrido al uso de la información para tratar de gestionar sus sociedades.

En la década de 1970, el presidente chileno Salvador Allende creó programas informáticos, que incluso incluían modelos económicos que intentaban monitorear el desempeño de la economía en tiempo real, con el objetivo de mejorar la productividad industrial (Medina, 2011).

Así como la existencia de países como, por ejemplo, Singapur, que utiliza programas como Risk Assessment y Horizon Scanning que forma parte del centro de coordinación de seguridad nacional para ayudar en la administración de la sociedad de acuerdo a la información que se obtiene.

El programa en cuestión consiste en la recopilación y análisis de grandes volúmenes de información, permitiendo así una gestión temprana de las amenazas a la integridad nacional del país, así como de los ataques terroristas, las enfermedades infecciosas y finalmente la gestión de las crisis financieras (Kim et al., 2014).

La voluntad de otros países de emular el modelo en cuestión potencia las opiniones más críticas.

En general, los riesgos relacionados con el bien social son bastante similares a los de los usos más rutinarios. Uno de los mayores riesgos es que las herramientas y técnicas de Big Data pueden ser mal utilizadas por las autoridades y otras personas con acceso a ellas (Michael et al., 2018).

Ejemplificando el punto de vista anterior, tenemos la conducta del gobierno chino que ha explorado formas de obtener información en línea y fuera de línea para asignar una puntuación a sus ciudadanos (puntuación del ciudadano). Esta puntuación varía entre 350 y 950 puntos cuando se asocia a costos y beneficios.

Por ejemplo, un ciudadano que tenga una puntuación superior a 700 puede solicitar un visado de viaje a Singapur sin presentar algunos documentos, con el fin de agilizar el proceso. Sin embargo, en caso de conductas consideradas inapropiadas, los ciudadanos pueden sufrir costos como que se les impida obtener una visa de viaje.

Sin embargo, si por un lado algunos aspectos de situaciones como los mencionados en los párrafos anteriores, por otro lado, la ambigüedad se mantiene, el siguiente pensamiento expuesto por Chen y Cheung (2017, p.357) nos permite comprender mejor esta relación:

> "No están seguros de lo que contribuye a sus puntajes de crédito social, cómo se combinan esos puntajes con el sistema estatal y cómo se interpretan y utilizan sus datos. En resumen, la puntuación basada en Big Data está poniendo a los ciudadanos chinos frente a grandes desafíos en materia de privacidad y datos personales".

Varias entidades no están de acuerdo con esta práctica. Un ejemplo, según el Grupo Europeo de Ética en la Ciencia y las Nuevas Tecnologías, la mejora de los procesos sociales basados en recursos de Big Data que involucran sistemas de puntuación social viola ideas fundamentales como la igualdad y la libertad.

El sistema, en lugar de considerar las diferentes características de las personas, crea diferentes tipos de personas similares a los sistemas de castas.

Además, según Michael et al. (2018) y Helbing et al. (2015b), el uso generalizado de la censura en China ejemplifica de manera más explícita cómo la tecnología puede instrumentalizarse con fines políticos en estados autoritarios.

El péndulo de intenciones detrás de las motivaciones que subyacen en el Big Data oscila en ambos sentidos, es decir, puede ser efectivamente bueno, ya que se espera que el sistema de puntuación pueda mejorar la gestión pública, exigiendo más coherencia en las actividades realizadas y, en última instancia, proporcionando más igualdad.

Al no existir un consenso sobre la naturaleza del Big Data, algunos autores y personalidades del área tecnológica manifiestan una gran preocupación por los posibles contornos menos positivos que pueda suponer en el futuro, otros van exactamente en la dirección contraria.

Los expertos que se oponen a la expansión del Big Data creen que el debate sobre el análisis de los datos que viajan por internet debe ceñirse al contexto comercial para que la sociedad no se distorsione (AlgorithmWatch, 2019).

Sin embargo, independientemente de las ambigüedades existentes, existe un consenso en que los ciudadanos deben ser educados y/o equipados con herramientas y conocimientos que les permitan navegar con mayor fluidez en este nuevo escenario creado por las tecnologías en cuestión.

Además de los programas gubernamentales que tratan los datos circulantes para censurar o manipular a los ciudadanos, existe otro problema ético que puede generar el Big Data: la pérdida de privacidad.

Actividades que solo estaban en el círculo íntimo o se compartían solo con unas pocas personas cercanas a los sujetos, ahora cuando se realizan en el mundo digital dejan pistas muy reveladoras, ya que revelan sus intereses, informan sobre rasgos de personalidad, creencias, así como cuáles son sus posibles intenciones.

Abordar este problema se vuelve igualmente importante porque, según Acquisti et al., (2015) la erosión de la privacidad puede amenazar la autonomía de todos, no solo como consumidores, sino también como ciudadanos.

Aunque existe una carrera frenética por obtener cantidades cada vez mayores de datos, es importante tener en cuenta que más datos no necesariamente se traducen en avances o progresos, ni tampoco se traducen en mejores condiciones sociales.

Cada vez dependemos más de las tecnologías de la información. Cada vez están más presentes en todos los segmentos de nuestra vida, ya sea a nivel personal o profesional. El control sobre los datos personales se ha convertido en una cuestión inherentemente ligada a cuestiones de elección personal, autonomía y poder socioeconómico.

Los dilemas relacionados con la privacidad representan un gran reto en la actualidad. Y este reto no hará más que crecer.

5.3   Regulación de Big Data.

La regulación puede desempeñar un papel importante para garantizar el correcto funcionamiento de los mercados (Gov.Uk, 2015). Sin embargo, todo el contexto del Big Data es bastante nuevo y está impregnado de volatilidades y el hecho de que persista un cierto desconocimiento en esta materia lleva a las instituciones que gestionan la libre competencia y las regulaciones del mercado a seguir con cautela a la hora de afrontar los retos que impone el Big Data.

Es necesario que la sociedad tome conciencia de que el Big Data no solo desafía los instrumentos regulatorios existentes, sino que obligará a las autoridades a crear instrumentos de control, a medida que la propia sociedad se esté adaptando a ellos (Hamad, 2015).

Al mismo tiempo, algunos estudios señalan que la implementación de regímenes estrictos destinados a garantizar la protección de la privacidad puede crear distorsiones en los mercados, ya que reducen el potencial de análisis de los consumidores objetivo y, por lo tanto, obstaculizan el desarrollo del comercio por Internet. La innovación también puede verse obstaculizada (Acquisti et al., 2016).

Sin embargo, a pesar de los desafíos que plantea el Big Data, los países no han sido indiferentes a este tipo de dilemas, aunque son algo disonantes en las acciones que han estado tomando.

La UE[36] se ha esforzado por crear barreras para evitar el uso indebido de la información, así como para evitar el uso inadecuado de la misma. Ha reforzado su posición en la regulación de esta cuestión, ya que tras cuatro años de negociaciones adoptó el RGPD el[37] 14 de abril de 2016.

El Reglamento introduce cambios significativos en la protección de los datos personales de los ciudadanos de la UE y va más allá de la normalización de las leyes nacionales de protección de datos en toda la UE. Introduce principios importantes, como el requisito del consentimiento explícito de los consumidores para que la información sobre ellos pueda ser utilizada por las empresas, así como el derecho al olvido, que se considera uno de los principios más estrictos que el reglamento impone a las empresas.

El RGPD también introduce:

• Portabilidad de los datos.

   El acto de transferir datos de una empresa a otra, según lo solicitado por el titular. Así, si un particular desea cambiar de proveedor de un servicio o producto, simplemente solicita la portabilidad y la empresa tendrá que transferir sus datos personales a otra.

• Protección de datos desde el diseño.

   El concepto Privacy by Design, privacy by design, surgió en los años 90 y actualmente está incorporado a la ley de protección de datos.

---

[36] Unión Europea.

[37] Reglamento General de Protección de Datos – RGPD. Se trata de un Reglamento UE de 2016/679, del Parlamento Europeo y del Consejo, de 27 de abril de 2016, relativo a la protección de las personas físicas en lo que respecta al tratamiento de datos personales y a la libre circulación de estos datos.

Por esta razón, es tan importante que existan medios seguros y transparentes para recopilar y procesar datos. De esta manera, ambas partes garantizan la seguridad y privacidad de la información.

- La figura del delegado de protección de datos.

Se trata de una entidad que tendrá que ser designada por las empresas para garantizar la protección de la información de las personas físicas, así como para garantizar que la empresa a la que pertenece cumpla con los procedimientos exigidos por el RGPD.

La cifra en cuestión entra en juego cuando las empresas empiezan a tener grandes volúmenes de datos en sus procesos o cuando la información en cuestión es sensible, como es el caso de la información de sectores como la salud y las finanzas.

El RGPD se acepta automáticamente en los ordenamientos jurídicos de todos los países miembros de la UE y es obligatorio. Prevé la aplicación de multas que pueden alcanzar los 20 millones de euros y el 4% de la facturación total de las empresas en caso de que se constaten conductas perjudiciales para los ciudadanos.

6 Conclusión.

A lo largo de este libro, exploramos los fundamentos y los desafíos de la implementación de Big Data, desentrañando un tema que es tanto técnico como estratégico. Comenzamos con los conceptos de integración y calidad de datos, pasando por la gestión de flujos en tiempo real y el procesamiento de eventos complejos, habilidades indispensables en un mundo donde las decisiones rápidas son esenciales.

Continuamos con la virtualización, una pieza clave para escalar la infraestructura de datos, y abordamos el papel de la computación en la nube como facilitador de la innovación, aunque no sin sus riesgos inherentes.

Además, discutimos estrategias prácticas de implementación, que incluyen el establecimiento de objetivos claros, la evaluación de la infraestructura, la identificación de fuentes de datos y la selección de las tecnologías más apropiadas. Por último, destacamos la importancia de contar con prácticas sólidas de seguridad y gobernanza, y analizamos el impacto ético y social de las decisiones tomadas en la era del Big Data.

Este viaje no solo presenta una visión integrada sobre cómo implementar soluciones de Big Data, sino que también enfatiza la necesidad de un ciclo continuo de mejora y monitoreo. Al fin y al cabo, el verdadero valor del Big Data no reside solo en la tecnología, sino en la capacidad de generar insights relevantes y aplicables, promoviendo un impacto real en las organizaciones y la sociedad.

Este libro forma parte de una colección dedicada a explorar los diversos componentes que componen el ecosistema de la inteligencia artificial. Cada volumen ofrece una inmersión en profundidad en temas complementarios como la arquitectura de Big Data, la gobernanza, la administración y las estrategias de análisis. Juntos, forman una guía completa para aquellos que quieren dominar las tecnologías que están dando forma al futuro.

A medida que continúes tu viaje por la colección, tendrás la oportunidad de ampliar tu comprensión de cómo integrar Big Data e inteligencia artificial, maximizando el valor y la eficiencia en proyectos que definen la nueva era digital.

El futuro pertenece a aquellos que saben aprovechar el poder de los datos y la inteligencia artificial. Y ya has dado el primer paso. Ahora, es el momento de seguir adelante.

Obtén la colección completa y convierte tu potencial en realidad.

7 Bibliografía.

ACQUISTI, A., BRANDIMARTE, L., & LOEWENSTEIN, G. (2015). Privacy and human behavior in the age of information. Science, 347(6221), 509-514. Available at: https://www.heinz.cmu.edu/~acquisti/papers/Acquisti-Science-Privacy-Review.pdf.

ACQUISTI, A., TAYLOR, C., & WAGMAN, L. (2016). The economics of privacy. Journal of Economic Literature, 54(2), 442-92.

AKIDAU, Tyler, CHERNYAK, Slava, LAX, Reuven. (2019). Streaming Systems: The What, Where, When, and How of Large-Scale Data Processing.

ALGORITHMWATCH. (2019) Automating Society 2019. Available at: https://algorithmwatch.org/en/automating-society-2019/

ARMSTRONG, M. (2006). Competition in two-sided markets. The RAND Journal of Economics.

ARMSTRONG, M. (2006). Competition in two-sided markets. The RAND Journal of Economics, 37(3), 668-691.

BELKIN, N.J. (1978). Information concepts for information science. Journal of Documentation, v. 34, n. 1, p. 55-85.

BOLLIER, D., & Firestone, C. M. (2010). The promise and peril of Big Data. Washington, DC: Aspen Institute, Communications and Society Program.

BOYD, D; CRAWFORD, K. (2012). Critical Questions for Big Data: Provocations for a Cultural, Technological, and Scholarly Phenomenon. Information, Communication, & Society v.15, n.5, p. 662-679.

BRETON, P. & PROULX S. (1989). L'explosion de la communication. la naissance d'une nouvelle idéologie. Paris: La Découverte.

BUBENKO, J. A., WANGLER, B. (1993). "Objectives Driven Capture of Business Rules and of Information System Requirements". IEEE Systems Man and Cybernetics'93 Conference, Le Touquet, France.

CHEN, H., CHIANG, R. H., & STOREY, V. C. (2012). Business Intelligence and Analytics: From Big Data to Big Impact. MIS Quarterly.

CHENG, Y., Qin, C., & RUSU, F. (2012). Big Data Analytics made easy. SIGMOD '12 Proceedings of the 2012 ACM SIGMOD International Conference on Management of Data New York.

COHEN, Reuven. (2012). Brazil's Booming Business of Big Data – Available at: https://www.forbes.com/sites/reuvencohen/2012/12/12/brazils-booming-business-of-bigdata/?sh=1de7e6bc4682

COMPUTERWORLD. (2016) Ten cases of Big Data that guaranteed a significant return on investment. Available at: https://computerworld.com.br/plataformas/10-casos-de-big-data-que-garantiram-expressivo-retorno-sobre-investimento/.

DAVENPORT, T. H. (2014). Big Data at work: debunking myths and uncovering opportunities. Rio de Janeiro: Elsevier.

DAVENPORT, T; PATIL, D. (2012). Data scientist: the sexiest job of the 21st century. Harvard Business Review. Available at: https://hbr.org/2012/10/data-scientist-the-sexiest-job-of-the-21st-century.

DAVENPORT, T; PATIL, D. (2012). Data scientist: the sexiest job of the 21st century. Harvard Business Review. Available at: https://hbr.org/2012/10/data-scientist-the-sexiest-job-of-the-21st-century.

DIXON, James. 2010. Pentaho, Hadoop, and Data Lakes. Blog, October. Available at: https://jamesdixon.wordpress.com/2010/10/14/pentaho-hadoop-and-data-lakes/

EDWARD Choi, M. T. (2017). RETAIN: An Interpretable Predictive Model for Healthcare using Reverse Time Attention Mechanism. Available in https://arxiv.org/pdf/1608.05745.pdf

GLASS, R. ; CALLAHAN, (2015).S. The Big Data-Driven Business: How to Use Big Data to Win Customers, Beat Competitors, and Boost Profit. New Jersey: John Wiley & Sons, Inc.

GÓMEZ-BARROSO, J. L. (2018). Experiments on personal information disclosure: Past and future avenues. Telematics and Informatics, 35(5), 1473-1490.Available at: https://doi.org/10.1016/j.tele.2018.03.017

GUALTIERI, M. (2013). Big Data Predictive Analytics Solutions. Massachusetts: Forrester.

HALPER, F. (2013). How To Gain Insight From Text. TDWI Checklist Report.

HALPER, F., & KRISHNAN, K. (2013). TDWI Big Data Maturity Model Guide Interpreting Your Assessment Score. TDWI Benchmark Guide 2013–2014.

HELBING, D. (2014). The World after Big Data: What the Digital Revolution Means for Us. Available at: http://papers.ssrn.com/sol3/papers.cfm?abstract_id=2438957.

HELBING, D. (2015a). Big Data Society: Age of Reputation or Age of Discrimination?. In: HELBING, D. Thinking Ahead-Essays on Big Data, Digital Revolution, and Participatory Market Society. Springer International Publishing. p. 103-114.

HELBING, D. (2015b). Thinking Ahead-Essays on Big Data, Digital Revolution, and Participatory Market Society. Springer International Publishing.

HILBERT, M. (2013). Big Data for Development: From Information to Knowledge Societies. Available at https://www.researchgate.net/publication/254950835_Big_Dat a_for_Development_From_Information-_to_Knowledge_Societies.

IBM. (2014). Exploiting Big Data in telecommunications to increase revenue, reduce customer churn and operating costs. Source: IBM: http://www-01.ibm.com/software/data/bigdata/industry-telco.html.

INMON, W. H. (1992). Building the Data Warehouse. John Wiley & Sons, New York, NY, USA.

INMON, W. H. (1996). Building the Data Warehouse. John Wiley & Sons, New Yorkm NY, USA.2nd edition.

JARVELIN, K. & Vakkari, P. (1993) The evolution of Library and Information Science 1965-1985: a content analysis of journal articles. Information Processing & Management, v.29, n.1, p. 129-144.

KAMIOKA, T; TAPANAINEN, T. (2014). Organizational use of Big Data and competitive advantage - Exploration of Antecedents. Available at: https://www.researchgate.net/publication/284551664_Organiz ational_Use_of_Big_Data_and_Competitive_Advantage_-_Exploration_of_Antecedents.

KANDALKAR, N.A; WADHE, A. (2014). Extracting Large Data using Big Data Mining, International Journal of Engineering Trends and Technology. v. 9, n.11, p.576-582.

KIMBALL, R.; ROSS, M. (2013). The Data Warehouse Toolkit: The Definitive Guide to Dimensional Modeling, Third Edition. Wiley 10475 Crosspoint Boulevard Indianapolis, IN 46256: John Wiley & Sons, Inc.

KSHETRI, N. (2014). Big Data' s impact on privacy, security and consumer welfare. Telecommunications Policy, 38(11), 1134-1145.

LAVALLE, S., LESSER, E., SHOCKLEY, R., HOPKINS, M. S., & KRUSCHWITZ, N. (2010). Big Data, Analytics and the Path From Insights to Value.

LOHR, S. (2012). The Age of Big Data. The New York Times.

MACHADO, Felipe Nery Rodrigues. 2018. Database-Design and Implementation. [S.I.]: Editora Saraiva.

MANYIKA, J., CHUI, M., BROWN, B., BUGHIN, J., DOBBS, R., ROXBURGH, C., & BYERS, A. H. (2011). Big Data: The next frontier for innovation, competition, and productivity.

OHLHORST, J. F. (2012). Big Data Analytics: Turning Big Data into Big Money. Wiley.

OSWALDO, T., PJOTR, P., MARC, S., & RITSERT, C. J. (2011). Big Data, but are we ready? Available at: https://www.nature.com/articles/nrg2857-c1.

PAVLO, A., PAULSON, E., RASIN, A., ABADI, D. J., DEWITT, D. J., MADDEN, S., & STONEBRAKER, M. (2009). A comparison of approaches to large-scale data analysis. SIGMOD, pp. 165–178.

RAJ, P., & DEKA, G. C. (2012). Handbook of Research on Cloud Infrastructures for Big Data Analytics. Information Science: IGI Global.

SUBRAMANIAM, Anushree. 2020. What is Big Data? – A Beginner's Guide to the World of Big Data. Available at: edureka.co/blog/what-is-big-data/.

TANKARD, C. (2012). Big Data security, Network Security, Volume 2012, Issue7, July 2012, Pages 5 -8, ISSN 1353-4858.

TM FORUM. (2005). SLA management handbook - volume 2. Technical Report GB9712, TeleManagement Forum.

VAISHNAVI, V. K., & KUECHLER, W. (2004). Design Science Research in Information Systems.

VAN AALST, W. M., VAN HEE, K. M., VAN WERF, J. M., & VERDONK, M. (March 2010). Auditing 2.0: Using Process Mining to Support Tomorrow's Auditor. Computer (Volume:43, Issue:3.

WANG, Y., KUNG, L., & BYRD, T. A. (2018). Big Data analytics: Understanding its capabilities and potential benefits for healthcare organizations. Technological Forecasting and Social Change, 126, 3-13.

WIDJAYA, Ivan. (2019). What are the costs of big data? Available at: http://www.smbceo.com/2019/09/04/what-are-the-costs-of-big-data/

8   Recopilación de big data: desbloqueando el futuro de los datos en una colección esencial.

La colección *Big Data* fue creada para ser una guía indispensable para profesionales, estudiantes y entusiastas que desean navegar con confianza por el vasto y fascinante universo de los datos. En un mundo cada vez más digital e interconectado, el Big Data no es solo una herramienta, sino una estrategia fundamental para la transformación de los negocios, los procesos y las decisiones. Esta colección se propone simplificar conceptos complejos y capacitar a sus lectores para convertir los datos en información valiosa.

Cada volumen de la colección aborda un componente esencial de esta área, combinando teoría y práctica para ofrecer una comprensión amplia e integrada. Encontrarás temas como:

Además de explorar los fundamentos, la colección también mira hacia el futuro, con debates sobre tendencias emergentes como la integración de la inteligencia artificial, el análisis de textos y la gobernanza en entornos cada vez más dinámicos y globales.

Tanto si es un directivo que busca formas de optimizar los procesos, como si es un científico de datos que explora nuevas técnicas o un principiante que siente curiosidad por comprender el impacto de los datos en la vida cotidiana, la colección de *Big Data* es el socio ideal en este viaje. Cada libro ha sido desarrollado con un lenguaje accesible pero técnicamente sólido, lo que permite a los lectores de todos los niveles avanzar en su comprensión y habilidades.

Prepárese para dominar el poder de los datos y destacar en un mercado en constante evolución. La colección de *Big Data* está disponible en Amazon y es la clave para desbloquear el futuro de la inteligencia basada en datos.

8.1   Para quién es la recopilación de Big Data.

La colección de Big Data está diseñada para atender a una audiencia diversa que comparte el objetivo de comprender y aplicar el poder de los datos en un mundo cada vez más impulsado por la información. Tanto si es un profesional experimentado como si acaba de empezar su andadura en el ámbito de la tecnología y los datos, esta colección ofrece información valiosa, ejemplos prácticos y herramientas indispensables.

1. Profesionales de la tecnología y los datos.

Los científicos de datos, ingenieros de datos, analistas y desarrolladores encontrarán en la colección los fundamentos que necesitan para dominar conceptos como Big Data Analytics, computación distribuida, Hadoop y herramientas avanzadas. Cada volumen cubre temas técnicos de una manera práctica, con explicaciones claras y ejemplos que se pueden aplicar en la vida cotidiana.

2. Gerentes y líderes organizacionales.

Para líderes y gerentes, la colección ofrece una visión estratégica sobre cómo implementar y gestionar proyectos de Big Data. Los libros muestran cómo utilizar los datos para optimizar procesos, identificar oportunidades y tomar decisiones informadas. Ejemplos del mundo real ilustran cómo las empresas han utilizado Big Data para transformar sus negocios en industrias como el comercio minorista, la atención médica y el medio ambiente.

3. Emprendedores y pequeñas empresas.

Los emprendedores y propietarios de pequeñas empresas que quieran aprovechar el poder de los datos para mejorar su competitividad también pueden beneficiarse. La colección presenta estrategias prácticas para el uso de Big Data de forma escalable, desmitificando la idea de que esta tecnología es exclusiva de las grandes corporaciones.

4. Estudiantes y principiantes en la zona.

Si eres estudiante o estás empezando a explorar el universo del Big Data, esta colección es el punto de partida perfecto. Con un lenguaje accesible y ejemplos prácticos, los libros hacen que los conceptos complejos sean más comprensibles, preparándote para profundizar en la ciencia de datos y la inteligencia artificial.

5. Curiosos y entusiastas de la tecnología.

Para aquellos que, incluso fuera del entorno corporativo o académico, tienen interés en comprender cómo el Big Data está dando forma al mundo, la colección ofrece una introducción fascinante y educativa. Descubra cómo los datos están transformando áreas tan diversas como la salud, la sostenibilidad y el comportamiento humano.

Independientemente de su nivel de experiencia o de la industria en la que se encuentre, la colección de *Big Data* está diseñada para empoderar a sus lectores con información procesable, tendencias emergentes y una visión integral del futuro de los datos. Si estás buscando entender y aplicar el poder del Big Data para crecer profesionalmente o transformar tu negocio, esta colección es para ti. Disponible en Amazon, es la guía esencial para dominar el impacto de los datos en la era digital.

8.2   Conoce los libros de la Colección.

8.2.1   Simplificación de Big Data en 7 capítulos.

Este libro es una guía imprescindible para cualquier persona que quiera entender y aplicar los conceptos fundamentales del Big Data de una forma clara y práctica. En un formato sencillo y accesible, el libro cubre todo, desde pilares teóricos, como las 5 V del Big Data, hasta herramientas y técnicas modernas, como Hadoop y Big Data Analytics.

Explorando ejemplos reales y estrategias aplicables en áreas como la salud, el comercio minorista y el medio ambiente, este trabajo es ideal para profesionales de la tecnología, gerentes, empresarios y estudiantes que buscan transformar los datos en información valiosa.

Con un enfoque que conecta la teoría y la práctica, este libro es el punto de partida perfecto para dominar el universo Big Data y aprovechar sus posibilidades.

8.2.2 Gestión de Big Data.

Este libro ofrece un enfoque práctico y completo para servir a una audiencia diversa, desde analistas principiantes hasta gerentes, estudiantes y empresarios experimentados.

Con un enfoque en la gestión eficiente de grandes volúmenes de información, este libro presenta análisis en profundidad, ejemplos del mundo real, comparaciones entre tecnologías como Hadoop y Apache Spark, y estrategias prácticas para evitar trampas e impulsar el éxito.

Cada capítulo está estructurado para proporcionar información aplicable, desde los fundamentos hasta las herramientas de análisis avanzadas.

8.2.3 Arquitectura de Big Data.

Este libro está dirigido a un público diverso, incluidos arquitectos de datos que necesitan crear plataformas sólidas, analistas que desean comprender cómo se integran las capas de datos y ejecutivos que buscan tomar decisiones informadas. Los estudiantes e investigadores en ciencias de la computación, ingeniería de datos y gestión también encontrarán aquí una referencia sólida y actualizada.

El contenido combina un enfoque práctico y un rigor conceptual. Se le guiará desde los fundamentos, como las 5 V de Big Data, hasta la complejidad de las arquitecturas en capas, que abarcan la infraestructura, la seguridad, las herramientas de análisis y los estándares de almacenamiento, como Data Lake y Data Warehouse. Además, los ejemplos claros, los estudios de casos reales y las comparaciones de tecnologías ayudarán a convertir los conocimientos teóricos en aplicaciones prácticas y estrategias efectivas.

8.2.4   Implementación de Big Data.

Este volumen ha sido cuidadosamente diseñado para ser una guía práctica y accesible, conectando la teoría con la práctica para profesionales y estudiantes que desean dominar la implementación estratégica de soluciones de Big Data.

Abarca todo, desde el análisis de calidad y la integración de datos hasta temas como el procesamiento en tiempo real, la virtualización, la seguridad y la gobernanza, ofreciendo ejemplos claros y aplicables.

8.2.5   Estrategias para reducir costos y maximizar las inversiones en Big Data.

Con un enfoque práctico y razonado, este libro ofrece análisis detallados, estudios de casos reales y soluciones estratégicas para gerentes de TI, analistas de datos, empresarios y profesionales de negocios.

Este libro es una guía indispensable para comprender y optimizar los costos asociados con la implementación de Big Data, cubriendo todo, desde el almacenamiento y el procesamiento hasta las estrategias específicas de las pequeñas empresas y el análisis de costos en la nube.

Como parte de la colección "Big Data", se conecta con otros volúmenes que exploran profundamente las dimensiones técnicas y estratégicas del campo, formando una biblioteca esencial para cualquiera que busque dominar los desafíos y oportunidades de la era digital.

8.2.6   Glosario de Big Data.

A medida que los datos a gran escala se convierten en el corazón de las decisiones estratégicas en una variedad de industrias, este libro ofrece un puente entre la jerga técnica y la claridad práctica, lo que le permite convertir información compleja en información valiosa.

Con definiciones claras, ejemplos prácticos y una organización intuitiva, este glosario está diseñado para atender a una amplia gama de lectores, desde desarrolladores e ingenieros de datos hasta gerentes y curiosos que buscan explorar el impacto transformador de Big Data en sus campos.

9 Discover the "Artificial Intelligence and the Power of Data" Collection – An Invitation to Transform Your Career and Knowledge.

The "Artificial Intelligence and the Power of Data" Collection was created for those who want not only to understand Artificial Intelligence (AI), but also to apply it strategically and practically.

In a series of carefully crafted volumes, I unravel complex concepts in a clear and accessible manner, ensuring the reader has a thorough understanding of AI and its impact on modern societies.

No matter what your level of familiarity with the topic, this collection turns the difficult into the didactic, the theoretical into the applicable, and the technical into something powerful for your career.

9.1 Why buy this collection?

We are living through an unprecedented technological revolution, where AI is the driving force in areas such as medicine, finance, education, government, and entertainment.

The collection "Artificial Intelligence and the Power of Data" dives deep into all these sectors, with practical examples and reflections that go far beyond traditional concepts.

You'll find both the technical expertise and the ethical and social implications of AI encouraging you to see this technology not just as a tool, but as a true agent of transformation.

Each volume is a fundamental piece of this innovative puzzle: from machine learning to data governance and from ethics to practical application.

With the guidance of an experienced author who combines academic research with years of hands-on practice, this collection is more than a set of books – it's an indispensable guide for anyone looking to navigate and excel in this burgeoning field.

9.2   Target Audience of this Collection?

This collection is for everyone who wants to play a prominent role in the age of AI:

- ✓ Tech Professionals: Receive deep technical insights to expand their skills.

- ✓ Students and the Curious: have access to clear explanations that facilitate the understanding of the complex universe of AI.

- ✓ Managers, business leaders, and policymakers will also benefit from the strategic vision on AI, which is essential for making well-informed decisions.

- ✓ Professionals in Career Transition: Professionals in career transition or interested in specializing in AI will find here complete material to build their learning trajectory.

9.3   Much More Than Technique – A Complete Transformation.

This collection is not just a series of technical books; It is a tool for intellectual and professional growth.

With it, you go far beyond theory: each volume invites you to a deep reflection on the future of humanity in a world where machines and algorithms are increasingly present.

This is your invitation to master the knowledge that will define the future and become part of the transformation that Artificial Intelligence brings to the world.

Be a leader in your industry, master the skills the market demands, and prepare for the future with the "Artificial Intelligence and the Power of Data" collection.

This is not just a purchase; It is a decisive investment in your learning and professional development journey.

10 The Books of the Collection.

10.1 Data, Information and Knowledge in the era of Artificial Intelligence.

This book essentially explores the theoretical and practical foundations of Artificial Intelligence, from data collection to its transformation into intelligence. It focuses primarily on machine learning, AI training, and neural networks.

10.2 From Data to Gold: How to Turn Information into Wisdom in the Age of AI.

This book offers a critical analysis on the evolution of Artificial Intelligence, from raw data to the creation of artificial wisdom, integrating neural networks, deep learning, and knowledge modeling.

It presents practical examples in health, finance, and education, and addresses ethical and technical challenges.

10.3 Challenges and Limitations of Data in AI.

The book offers an in-depth analysis of the role of data in the development of AI exploring topics such as quality, bias, privacy, security, and scalability with practical case studies in healthcare, finance, and public safety.

10.4 Historical Data in Databases for AI: Structures, Preservation, and Purge.

This book investigates how historical data management is essential to the success of AI projects. It addresses the relevance of ISO standards to ensure quality and safety, in addition to analyzing trends and innovations in data processing.

10.5 Controlled Vocabulary for Data Dictionary: A Complete Guide.

This comprehensive guide explores the advantages and challenges of implementing controlled vocabularies in the context of AI and information science. With a detailed approach, it covers everything from the naming of data elements to the interactions between semantics and cognition.

10.6 Data Curation and Management for the Age of AI.

This book presents advanced strategies for transforming raw data into valuable insights, with a focus on meticulous curation and efficient data management. In addition to technical solutions, it addresses ethical and legal issues, empowering the reader to face the complex challenges of information.

10.7 Information Architecture.

The book addresses data management in the digital age, combining theory and practice to create efficient and scalable AI systems, with insights into modeling and ethical and legal challenges.

10.8 Fundamentals: The Essentials of Mastering Artificial Intelligence.

An essential work for anyone who wants to master the key concepts of AI, with an accessible approach and practical examples. The book explores innovations such as Machine Learning and Natural Language

Processing, as well as ethical and legal challenges, and offers a clear view of the impact of AI on various industries.

10.9   LLMS - Large-Scale Language Models.

This essential guide helps you understand the revolution of Large-Scale Language Models (LLMs) in AI.

The book explores the evolution of GPTs and the latest innovations in human-computer interaction, offering practical insights into their impact on industries such as healthcare, education, and finance.

10.10 Machine Learning: Fundamentals and Advances.

This book offers a comprehensive overview of supervised and unsupervised algorithms, deep neural networks, and federated learning. In addition to addressing issues of ethics and explainability of models.

10.11 Inside Synthetic Minds.

This book reveals how these 'synthetic minds' are redefining creativity, work, and human interactions. This work presents a detailed analysis of the challenges and opportunities provided by these technologies, exploring their profound impact on society.

10.12 The Issue of Copyright.

This book invites the reader to explore the future of creativity in a world where human-machine collaboration is a reality, addressing questions about authorship, originality, and intellectual property in the age of generative AIs.

10.13 1121 Questions and Answers: From Basic to Complex – Part 1 to 4.

Organized into four volumes, these questions serve as essential practical guides to mastering key AI concepts.

Part 1 addresses information, data, geoprocessing, the evolution of artificial intelligence, its historical milestones and basic concepts.

Part 2 delves into complex concepts such as machine learning, natural language processing, computer vision, robotics, and decision algorithms.

Part 3 addresses issues such as data privacy, work automation, and the impact of large-scale language models (LLMs).

Part 4 explores the central role of data in the age of artificial intelligence, delving into the fundamentals of AI and its applications in areas such as mental health, government, and anti-corruption.

10.14   The Definitive Glossary of Artificial Intelligence.

This glossary presents more than a thousand artificial intelligence concepts clearly explained, covering topics such as Machine Learning, Natural Language Processing, Computer Vision, and AI Ethics.

- Part 1 contemplates concepts starting with the letters A to D.
- Part 2 contemplates concepts initiated by the letters E to M.
- Part 3 contemplates concepts starting with the letters N to Z.

10.15   Prompt Engineering - Volumes 1 to 6.

This collection covers all the fundamentals of prompt engineering, providing a complete foundation for professional development.

With a rich variety of prompts for areas such as leadership, digital marketing, and information technology, it offers practical examples to improve clarity, decision-making, and gain valuable insights.

The volumes cover the following subjects:

- Volume 1: Fundamentals. Structuring Concepts and History of Prompt Engineering.
- Volume 2: Security and Privacy in AI.

- Volume 3: Language Models, Tokenization, and Training Methods.
- Volume 4: How to Ask Right Questions.
- Volume 5: Case Studies and Errors.
- Volume 6: The Best Prompts.

10.16 Guide to Being a Prompt Engineer – Volumes 1 and 2.

The collection explores the advanced fundamentals and skills required to be a successful prompt engineer, highlighting the benefits, risks, and the critical role this role plays in the development of artificial intelligence.

Volume 1 covers crafting effective prompts, while Volume 2 is a guide to understanding and applying the fundamentals of Prompt Engineering.

10.17 Data Governance with AI – Volumes 1 to 3.

Find out how to implement effective data governance with this comprehensive collection. Offering practical guidance, this collection covers everything from data architecture and organization to protection and quality assurance, providing a complete view to transform data into strategic assets.

Volume 1 addresses practices and regulations. Volume 2 explores in depth the processes, techniques, and best practices for conducting effective audits on data models. Volume 3 is your definitive guide to deploying data governance with AI.

10.18 Algorithm Governance.

This book looks at the impact of algorithms on society, exploring their foundations and addressing ethical and regulatory issues. It addresses transparency, accountability, and bias, with practical solutions for auditing and monitoring algorithms in sectors such as finance, health, and education.

10.19 From IT Professional to AI Expert: The Ultimate Guide to a Successful Career Transition.

For Information Technology professionals, the transition to AI represents a unique opportunity to enhance skills and contribute to the development of innovative solutions that shape the future.

In this book, we investigate the reasons for making this transition, the essential skills, the best learning path, and the prospects for the future of the IT job market.

10.20 Intelligent Leadership with AI: Transform Your Team and Drive Results.

This book reveals how artificial intelligence can revolutionize team management and maximize organizational performance.

By combining traditional leadership techniques with AI-powered insights, such as predictive analytics-based leadership, you'll learn how to optimize processes, make more strategic decisions, and create more efficient and engaged teams.

10.21 Impacts and Transformations: Complete Collection.

This collection offers a comprehensive and multifaceted analysis of the transformations brought about by Artificial Intelligence in contemporary society.

- Volume 1: Challenges and Solutions in the Detection of Texts Generated by Artificial Intelligence.
- Volume 2: The Age of Filter Bubbles. Artificial Intelligence and the Illusion of Freedom.
- Volume 3: Content Creation with AI - How to Do It?
- Volume 4: The Singularity Is Closer Than You Think.

- Volume 5: Human Stupidity versus Artificial Intelligence.
- Volume 6: The Age of Stupidity! A Cult of Stupidity?
- Volume 7: Autonomy in Motion: The Intelligent Vehicle Revolution.
- Volume 8: Poiesis and Creativity with AI.
- Volume 9: Perfect Duo: AI + Automation.
- Volume 10: Who Holds the Power of Data?

10.22 Big Data with AI: Complete Collection.

The collection covers everything from the technological fundamentals and architecture of Big Data to the administration and glossary of essential technical terms.

The collection also discusses the future of humanity's relationship with the enormous volume of data generated in the databases of training in Big Data structuring.

- Volume 1: Fundamentals.
- Volume 2: Architecture.
- Volume 3: Implementation.
- Volume 4: Administration.
- Volume 5: Essential Themes and Definitions.
- Volume 6: Data Warehouse, Big Data, and AI.

11 Sobre el autor.

Soy Marcus Pinto, más conocido como el Prof. Marcão, especialista en tecnologías de la información, arquitectura de la información e inteligencia artificial.

Con más de cuatro décadas de dedicado trabajo e investigación, he construido una sólida y reconocida trayectoria, siempre enfocada en hacer accesible y aplicable el conocimiento técnico a todos aquellos que buscan comprender y destacarse en este campo transformador.

Mi experiencia abarca la consultoría estratégica, la educación y la autoría, así como un amplio desempeño como analista de arquitectura de información.

Esta experiencia me permite ofrecer soluciones innovadoras adaptadas a las necesidades en constante evolución del mercado tecnológico, anticipándome a las tendencias y creando puentes entre el conocimiento técnico y el impacto práctico.

A lo largo de los años, he desarrollado una experiencia completa y profunda en datos, inteligencia artificial y gobernanza de la información, áreas que se han vuelto esenciales para construir sistemas robustos y seguros capaces de manejar el gran volumen de datos que da forma al mundo actual.

Mi colección de libros, disponible en Amazon, refleja esta experiencia, abordando temas como la gobernanza de datos, el Big Data y la inteligencia artificial con un claro enfoque en aplicaciones prácticas y visión estratégica.

Autor de más de 150 libros, investigo el impacto de la inteligencia artificial en múltiples ámbitos, explorando desde sus bases técnicas hasta las cuestiones éticas que se vuelven cada vez más urgentes con la adopción de esta tecnología a gran escala.

En mis conferencias y mentorías, comparto no solo el valor de la IA, sino también los desafíos y responsabilidades que conlleva su implementación, elementos que considero esenciales para una adopción ética y consciente.

Creo que la evolución tecnológica es un camino inevitable. Mis libros son una propuesta de guía en este camino, que ofrece una visión profunda y accesible para aquellos que quieren no solo comprender, sino dominar las tecnologías del futuro.

Con un enfoque en la educación y el desarrollo humano, los invito a unirse a mí en este viaje transformador, explorando las posibilidades y los desafíos que esta era digital nos tiene reservados.

12 Cómo contactar al Prof. Marcão.

12.1 Para conferencias, formación y mentoring empresarial.

marcao.tecno@gmail.com

12.2 Prof. Marcão, en Linkedin.

https://bit.ly/linkedin_profmarcao